ANNA UHLEN · GREGOR M. SCHMID

LUST AUF SHERRY

Verlag und Autorin danken dem Spanischen Außenhandelsinstitut (I.C.E.X.), Madrid,
vertreten durch die Handelsabteilung des Spanischen Generalkonsulats in Düsseldorf,
dem Verband der Sherry-Hersteller und -Exporteure (A.C.E.S.), Jerez de la Frontera,
und dem Informationsbüro Sherry, Hamburg, für die Unterstützung bei der Entstehung dieses Buches.

Lektorat: Isabelle Fuchs
Umschlaggestaltung: Wolfgang Heinzel
Umschlagfotos: Gregor M. Schmid
© Fotos: Gregor M. Schmid

Art Director: Wolfgang Heinzel
Layout und Satz: Angelika Tröger
Reproduktion: Fuchs Repro, Laufen

Druck und Bindung: Printer Portugesa – Ein Mohndruck-Betrieb
Printed in Portugal

ISBN 3-87287-459-4

LUST AUF SHERRY

Kochkunst und Lebensart aus Andalusien

ANNA UHLEN · GREGOR M. SCHMID
bei MARY HAHN

INHALT

Wenig Landstriche wurden von so vielen verschiedenen Kulturen geprägt und inspiriert wie Andalusien. Besonders der Weinanbau profitierte von den vielfältigen Anregungen und trotz teilweise unruhiger Zeiten konnte nichts den Siegeszug des Sherry in die ganze Welt aufhalten.

Südliches Klima und ideale Böden zeichnen Andalusien aus. Unter solch hervorragenden Bedingungen konnte der Weinanbau gelingen. Hier gedeihen unterschiedliche Traubensorten, die die Vielfalt der Sherrys hervorbringen.

Erst in der Bodega wird der Sherry zu dem, was er ist. Die hohe Kunst der andalusischen Kellermeister kommt hier zum Einsatz. In den dunklen, kühlen und feuchten Hallen reift der Sherry unter ihrer Aufsicht in Ruhe heran und entwickelt dabei sein individuelles Aroma.

Einen wirklichen Eindruck andalusischer Lebensart gewinnt man erst durch den Genuß der einheimischen Küche. Zu jedem der Gerichte paßt selbstverständlich einer der vielfältigen Sherrys der Gegend. Aber auch zu Hause muß niemand auf andalusisches Savoir vivre verzichten.

WER NIEMALS EINE FERIA MITERLEBT HAT, KENNT DIE ANDALUSIER NICHT. DIE FERIAS SIND SPIEGELBILD DER KULTUR UND MENTALITÄT ANDALUSIENS. FLAMENCO TANZEN, LACHEN UND – NATÜRLICH – SHERRY TRINKEN GEHÖREN GENAUSO ZU DIESER TRADITION WIE DER STIERKAMPF UND DIE FREUDE AN SCHÖNEN PFERDEN.

DIE FERIAS

Andalusien ist berühmt für seine ausgelassenen Feste und Feiern. Buntgekleidete Frauen und Mädchen tanzen mit gerafften Röcken auf der Straße, geben mit Kastagnetten den Takt vor und verwirren den zuschauenden Männern die Sinne. Ein Glas Wein haben sie dabei immer in der Hand und laden Passanten lachend zu einem Schluck ein. Die andalusische Lebensfreude ist im Ausland zum Inbegriff Spaniens geworden. Jeder Spanienreisende erwartet in allen Landesteilen laute und schrille Fiestas mit der vermeintlichen Flamenco-Musik. Tag und Nacht sollen die Spanier angeblich tanzen, trinken, lachen und ihr lustiges Treiben allenfalls für den Besuch eines Stierkampf unterbrechen.

Tatsächlich gibt es diese fünfte Jahreszeit in Spanien, genauer gesagt überfällt sie Andalusien. Zwei Wochen nach Ostern beginnen die lang ersehnten Ferias in Sevilla, Jerez und den vielen kleinen Orten und Städten des südwestlichen Spaniens. Jede Stadt hat ihre eigene Feria mit eigenen Bräuchen und Traditionen. Die größte, prächtigste und atemberaubendste aber findet in Sevilla statt – der Hauptstadt des Genusses. Die religiöse Schwere der Semana Santa, der Karwoche, ist vorüber und die Bußgewänder sind abgelegt. Die drückende Hitze des Sommers, die die Bewegungen der Menschen tagsüber erschwert, hat das Land noch nicht erreicht. Nein, der April ist ideal, um eine Woche lang rund um die Uhr das zu tun, was den Sevillanos wohl doch im Blut steckt: Mit Freunden ausgiebig und ausgelassen zu feiern.

Die Feria ist eine Lebenseinstellung, ein Bekenntnis zur Kultur Andalusiens. Ob in Sevilla oder Jerez, Sanlúcar de Barrameda oder Puerto de Santa María – eine Woche lang tanzen, trinken und leben die Menschen ihre Feria. Sie gehen jeden Morgen zur Arbeit, aber es gilt geradezu als unfein, während der Zeit der Feria tatsächlich zu arbeiten. Denn wer morgens um acht schon wieder fit ist, kann nachts nicht auf der Feria gewesen sein. In den Büros verstummen die Telefone, Läden und Geschäfte lassen die Rolläden halb unten und die Straßen in den Innenstädten sind leergefegt.

Die Feria de Abril in Sevilla

Der Sherry schwappt bedenklich im Glas. Die junge Frau streckt ihren linken Arm hoch über den Kopf, dreht die Hand, in der das Glas wackelt. Die rechte Hand vollführt im selben Moment eine Drehung unterhalb der Hüfte, dann wirbeln die Arme entgegengesetzt und das Sherry-Glas dreht sich neben den wippenden Rockrüschen auf Höhe des Oberschenkels, um auch schon wieder in die Höhe gerissen zu werden. Die Tänzerin im üppigen roten Kleid dreht sich währenddessen um sich selbst und ihren Partner, den sie jedoch nicht eine Sekunde aus den Augen läßt. Auge in Auge drehen sie sich, schieben ihre Körper eng aneinander vorbei, ohne sich jemals wirklich zu berühren.

Nur die Andeutung einer Berührung ist erlaubt beim Tanzen der Sevillana, des Tanzes aus Sevilla eben. Dieser Volkstanz ist entfernt verwandt mit dem ernsten und manchmal etwas düsteren Flamenco. Sevillanas haben aber nichts von der Melancholie und dem tief empfundenen Gefühl, das den Flamencos innewohnt. Sevillanas sind lustig, krachend laut und handeln von den schönen Mädchen auf der Feria, von ihrer Grazie oder davon, wie sehr sich der Sänger auf die Feria von Sevilla freut. Sevillanas folgen immer demselben Rhythmus, dem sich kein Besucher der Feria auf Dauer entziehen kann. Es beginnt meistens in den Händen, die sich anfangen zu drehen und den Takt mitklatschen. Dann ergreift der schnelle Rhythmus den Körper. Wenn der Besucher bereits beginnt, den Oberkörper zu straffen und mit der Hüfte zu kreisen, dauert es nicht mehr lange, bis er aufspringt und auf die Tanzfläche stürmt.

Während der Feria zelebrieren die Bewohner Sevillas sich selbst und ihre Alltagskultur. Aus allen Teilen Andalusiens reisen Freunde und Verwandte an. Die einst nach Nordspanien oder ins Ausland gegangenen Sevillanos kehren für diese eine Woche zum Lachen, Trinken und Tanzen in ihre Heimat zurück. Denn nur die Feria de Abril in Sevilla vermag diesen einzigartigen Rausch hervorzurufen, der die ganze Stadt erfaßt. Untrennbar damit verbunden sind die Musik der Stadt und der Wein des Landes, der Sherry. Ob morgens um zehn oder nachts um zwei, auf der Feria de Abril trinken die Menschen ausschließlich den strohgelben, trockenen und immer eiskalten Fino. Der Genuß des Sherrys hat eine jahrhundertealte Tradition, und mit der wird auf der Feria nicht gebrochen. Seit einigen Jahren tauschen die Andalusier allenfalls die Fino-Flasche gegen eine Flasche Manzanilla aus Sanlúcar de Barrameda aus, weil der Wein von der Atlantikküste noch trockener und erfrischender ist als der Fino.

Die Feria als ein Fest der Sinne und Sinnlichkeit ist Ende des vergangenen Jahrhunderts entstanden. Jedes Jahr im April kamen die Pferde- und Rinderzüchter aus den Weiten des westlichen Andalusiens in die Hauptstadt Sevilla, um ihre Tiere an die Städter zu verkaufen. Die Züchter lebten während dieser Zeit in großen Zelten, die sie vor den Toren der Stadt aufstellten. Aus ihrer gar nicht so weit entfernt liegenden Heimat südlich von Sevilla brachten sie auch den Wein mit. Auf dem Weg nach Sevilla waren sie durch Jerez de la Frontera gekommen und hatten sich dort mit Sherry eingedeckt, den sie an ihre Kunden in Sevilla nach einem erfolgreichen Kuhhandel ausschenkten.

Links: In den Kutschen findet angeregter Austausch statt; eine typische Szene während der Feria
Rechts: Für den aufwendigen Kopfschmuck und die perfekte Frisur benötigen die Andaluserinnen viele Stunden
Nächste Doppelseite: Pferde, Kutschen und Menschen sind bei der Feria de Abril prächtig herausgeputzt

Die Züchter waren schon jahrhundertelang zuvor gekommen, aber ungefähr seit 1880 entwickelte sich ihr Aufenthalt immer mehr zu einem Fest für die Menschen der Stadt. Seit der Zeit haben die Zelte, in denen auch heute noch gefeiert wird, immer mehr an Bedeutung gewonnen. *Caseta* heißen die 40 Meter langen Zelte auf spanisch. Die Zeltplanen sind von innen mit Tüll und Spitzengardinen verhängt. Ölgemälde mit Jagdszenen oder Stierkampfmotiven zieren die Wände, Hirschgeweihe und Stilleben schmücken das Zeltinnere. Manche Caseta-Besitzer haben noch einen holzgerahmten Spiegel oder Trockenblumengestecke aufgestellt, um dem Zelt den Anschein eines bürgerlichen Wohnzimmers der Jahrhundertwende zu geben. Zu der Maskerade gehört auch ein Kronleuchter, der in keiner anständigen Caseta fehlen darf.

Das Zelt ist nur im vorderen, von der Straße einzusehenden Teil wie ein Salon zurechtgemacht. Gitter versperren die Vorderfront und den Eingang, sie bilden so eine Art kleine Veranda vor dem Zelt. In der Mitte des Zeltes verhängt eine Plane die Sicht auf den hinteren Raum. Darin steht der lange Tresen, hinter dem sich volle und leere Sherry-Kartons türmen. Am Ende des Zeltes ist auch die improvisierte Küche untergebracht. Hier brutzelt und brodelt es unaufhörlich, denn hier werden die traditionell mit der Feria verbundenen Gerichte zubereitet. Dazu gehören die über offenem Feuer gegrillten grünen Paprika, die, mit grobem Meersalz gewürzt, von den Gästen kiloweise verspeist werden. Aber auch fritierte Sardellen, gegrillte Sardinen, Tintenfische und Seeteufel erfreuen sich größter Beliebtheit auf der Feria und sind mit ihr ebenso verbunden wie der Verzehr des trockenen Sherrys.
Eine Caseta gehört in der Regel einer Gruppe von Freunden oder Arbeitskollegen. »Freunde der Isla Cristina« oder »Anhänger von Torero Curro Romero« nennen sie sich, »Die Hexen« oder einfach »Die Wanderer«. Die Freunde bezahlen monatlich einen Betrag für das Vergnügen, einmal im Jahr eine Woche lang eine Caseta auf der Feria zu besitzen. Sie helfen mit beim Aufstellen und Einrichten des Zeltes und organisieren die Leute, die in der Küche und hinter der Bar arbeiten. Da ein Zelt auf der Feria das pure Privatvergnügen einiger Menschen ist, behalten sie sich vor, mit wem sie die eine Woche lang feiern. Die Casetas sind daher geschlossene Gesellschaften, in die nur Einlaß erhält, wer eine schriftliche Einladung von einem der Zeltbesitzer hat. Die Sevillanos veranstalten die Feria de Abril für sich selbst und inszenieren kein Fest für Touristen. Die kommen allerdings dennoch auf ihre Kosten, wenn sie in die öffentlich zugänglichen Zelte der Parteien oder des Rathauses gehen.
Auch Unternehmen, Industrieverbände oder der Droschkenfahrerverein von Sevilla besitzen eine Caseta auf dem mehrere Quadratkilometer großen Gelände der Feria. Diese Zelte tragen allerdings weniger klingende Namen und heißen eben nach dem Unternehmen oder dem Berufsverband.

Die Zelte stehen Wand an Wand entlang der eigens für sie angelegten Straßen auf einem freien Feld in der Nähe des noblen Sevillaner Stadtviertels Los Remedios. Die Straßen auf dem Feriagelände sind alle nach berühmten Stierkämpfern der vergangenen Jahrzehnte benannt. Diese Orientierungshilfe ist von unschätzbarem Wert, denn sonst würden die Besucher kaum zu der Caseta finden, die ihnen ihre Freunde avisiert haben. Außerdem wollen die Eingeladenen die Caseta möglichst schnell finden und aus dem Zelt heraus oder von der kleinen Veranda die Straße beobachten. Dort treiben sich doch schließlich nur diejenigen herum, die niemanden kennen und folglich nicht eingeladen wurden. Nur wer dem Wachmann am Eingang zu einer jeden Caseta eine schriftliche Einladung vorweisen kann, wird hineingelassen.

Rechts: Eine prächtig ausgestattete Caseta von innen. Die Decke ist mit feiner Spitze verhangen, ein Kronleuchter spendet warmes Licht. Die Damen widmen sich ihrem bevorzugten Zeitvertreib während der Feria; sie tanzen den »Sevillina«

Auf den Veranden der Zelte und in den vorderen Reihen sitzen sie, die Frauen und Mädchen von Sevilla, in den bunten Flamenco-Kleidern mit Volants und Rüschen aus Kunststoff oder – wer es sich leisten kann – aus Seide. Karmesinrot, grasgrün, himmelblau und gelb wie die Blüten im Haar der Frauen sind die Kleider, deren klassisches Muster aus Punkten besteht. Zu jedem Flamenco-Kleid gehört eine Stola, die oft über Generationen von der Mutter an die Tochter weitergegeben wird. Die Frauen haben, bevor sie auf die Feria gegangen sind, Stunden damit zugebracht, ihre Haare aufzustecken, sie mit Blumen und bunten Kämmen zu schmücken. Denn jede Frau aus Sevilla wird ihren ganzen Ehrgeiz und ihre Ausdauer in das perfekte Outfit legen, bevor sie auf die Feria geht. Aus dem Halbschatten des zur Straße hin offenen Zeltes, hinter dem Gitter sitzend, das sie von den Passanten trennt, genießt sie das Treiben auf der Straße und trinkt mit ihren Freundinnen Fino.

Auf den Straßen der Feria geht es nicht minder spanisch zu. Die Beine leicht übereinandergeschlagen, den Blick stur geradeaus und das Kinn hochgezogen, reitet die andalusische Señora im Damensitz die Straßen auf und ab. Ihre Haare sind zu einem straffen Knoten gebunden, der unter dem flachen breitkrempigen Hut hervorguckt. Ein knöchellanger Rock, dunkelblau oder grau, verdeckt die Beine, eine kurze Jacke, die bis zur Taille geht, unterstreicht die Haltung. Der andalusische Señor ist nicht minder stilvoll gekleidet. Auch er trägt den grauen Hut des andalusischen Landedelmannes, silberne Knöpfe zieren die grau-schwarz gestreiften Hosenbeine. Eine goldene Nadel hält den Kragen des gestärkten weißen Hemdes zusammen, über dem stramm die taillenlange Jacke sitzt. Hinter ihm thront manchmal eine der farbenprächtig gekleideten Frauen im Flamenco-Kleid, das sorgsam über dem Rücken des Pferdes ausgebreitet ist. Die Mähnen der andalusischen Pferde sind zu kleinen Zöpfen geflochten. Natürlich werden nur die schönsten und edelsten Pferde für die Feria gesattelt. Bunte Troddeln hängen vom Zaumzeug, und auf dem Sattel ist das Familiensignet des Reiters eingebrannt.

Ein Meer aus Reitern und Pferden wogt tagsüber durch die Straßen der Feria. Mit der linken Hand halten die Reiter die Zügel, die rechte Hand stützen sie auf ihre Hüfte. Diese elegante Haltung bewahren die Reiter auch, wenn sie vor den Casetas anhalten und Freunde begrüßen, die ihnen mit Fino gefüllte Gläser auf das Pferd hinaufreichen. Mensch und Pferd werden während der Feria eins, sie verschmelzen zu einer untrennbaren Einheit, die tagsüber nicht gestört wird. Das edle, rassige Pferd erhöht den Reiter, gibt ihm gleichsam die Eleganz und den Stolz, der in früheren Zeiten dem Adel vorbehalten war.

Oben: Kutschenparade vor den Casetas. Viele Kutschen kommen nur bei der Feria zum Einsatz

Nächste Doppelseite: Pferd an Pferd schieben sich Reiter und Reiterinnen durch das Getümmel

Die Männer tragen den Hut des andalusischen Landedelmannes, die Frauen auffallenden Ohr- und Kopfschmuck

Das Fest des Pferdes in Jerez

Die Bewohner von Jerez haben den Pferden der Pura Raza Espanola ihr Frühlingsfest gewidmet. *Feria de Caballo*, Fest des Pferdes, nennen die Jerezanos ihre Feria, die in der zweiten Maiwoche beginnt. Tagelang vorher schon fiebern die Menschen in der Stadt dem Fest entgegen. Bunte Wimpel und Fahnen schmücken die Straßen und Avenidas, und die Jerezanos können es kaum erwarten, bis das Festgelände endlich erstmalig von Tausenden bunter Glühbirnen erleuchtet wird, das Signal für den Festbeginn. Die Feria de Caballo wird, wie ihre elegantere Schwester, die Feria de Abril in Sevilla, in der Nacht von Montag auf Dienstag mit dem *Alumbrado* eröffnet: Um Punkt Mitternacht wird der Hauptschalter umgelegt und das Eingangstor und die Straßen der Feria erstrahlen im Glanz tausender Glühbirnen. Das Tor ist jedes Jahr anders gestaltet. Davor haben sich in der Nacht des Alumbrado schon die Bewohner der Stadt versammelt. In großen Gruppen stehen sie beieinander, drängeln und versuchen, im Gewühl nicht ihre Freunde zu verlieren. Die Jerezanos reichen Gläser mit Fino herum, improvisieren mit Kastagnetten den Takt der Sevillanas, klatschen und tanzen auf der Straße.

Auf die Feria de Caballo nach Jerez kommen Züchter und Pferdeliebhaber aus ganz Andalusien. Tagsüber flanieren sie im Anzug des andalusischen Landedelmannes hoch zu Roß über das Gelände der Feria und zeigen sich und ihre geschmückten Pferde. Die Familien aus Jerez und der Umgebung holen ihre glänzend lackierten Kutschen aus den Ställen und spannen vier, sechs oder gar acht Pferde an. Ein Kutscher in Livree fährt die Familien in ihren Kutschen über das Festgelände. Hier und da prangt ein goldenes Familienwappen an den Türen der antiken Gefährte. Die Señoras im dezent mintgrünen oder apricotfarbenen Flamenco-Kleid und die Herren im dunklen Anzug schätzen es, während der Ausfahrt ihren Durst mit Fino zu stillen. Ihre Sherry-Flaschen bewahren sie dabei oft in einem Sektkühler auf dem Boden der Kutsche auf.

Die Hauptattraktion der Feria de Caballo sind natürlich die schönen und edlen andalusischen Pferde. Reiterspiele, Pferderennen und Dressuren unterhalten die Besucher der Feria. Die in Jerez beheimatete Königlich Spanische Hofreitschule veranstaltet in dieser Zeit Sondervorführungen. Die Reiter der *Real Escuela Andaluza del Arte Ecuestre* zeigen dann täglich den mit perfekter Leichtigkeit vorgeführten »Tanz der spanischen Pferde«. Die wahrhaft an Tanz erinnernde Dressur hatte 1973 der Pferdezüchter und Gründer der Schule, Alvaro Domecq Romero, erstmalig einstudiert. Alvaro Domecq war ein *Aficionado*, ein begeisterter Anhänger des Stierkampfes. Er wandelte die Dressur der ursprünglich einmal mit dem Pferd abgehaltenen Corridas zu kunstvollen Figuren und Formationen für ein Vergnügen harmloserer Natur ab. Pferde, die für die Hofreitschule ausgesucht wurden, bleiben ihr ganzes Leben in den königlichen Reitställen. Wenn sie zu alt für die Vorführungen sind, bekommen sie ihr Gnadenbrot, bis sie eines natürlichen Todes sterben. Die Reitschüler der Real Escuela müssen übrigens eine mindestens ebenso schwere Prüfung durchstehen wie die Pferde, die in die herrschaftlichen Stallungen kommen. 14 Schüler kann die Schule ausbilden. Auf dem Stundenplan stehen neben den verschiedenen Formen

Oben: Die Azulejos (glasierte Fliesen) im Bahnhof von Jerez zeigen das prächtige Stadtwappen
Rechts: Festbeleuchtung während der Feria de Caballo in Jerez

Die Fußgängerzone von Jerez bietet reichlich Platz für beschauliche Straßencafés

Oben: Öffentliche Trinkbrunnen bieten während der Sommermonate eine willkommene Erfrischung
Nächste Doppelseite: Die Alcázar aus dem 11. Jahrhundert zählt zu den Sehenswürdigkeiten von Jerez

des Dressurreitens auch Veterinärmedizin, Sattlerei und Sprachunterricht. Denn der »Tanz der spanischen Pferde« ist ein Exportschlager und die Reiter der Schule haben schon auf allen Kontinenten mit ihren Pferden getanzt.

Nicht nur der Sherry hat Jerez in aller Welt berühmt gemacht, sondern auch seine schönen Pferde. Die Andalusier-Pferde sind eine Züchtung aus dem einige Kilometer außerhalb von Jerez liegenden Kloster La Cartuja. Im 14. Jahrhundert hatten sich Karthäusermönche vor den Toren der Stadt niedergelassen und das Kloster »La Cartuja« gegründet. Sie begannen, die bodenständigen iberischen Pferde mit den rassigen Tieren der Araber und Berber zu kreuzen. Aus den jahrzehntelang betriebenen Kreuzungen zweier so unterschiedlicher Rassen entsprang eines Tages ein Pferd von unglaublicher Schönheit, Eleganz und edlem Aussehen. Die Mönche nannten es Andalusier und aus ihm gingen später die Pferde der sogenannten Reinen Spanischen Rasse (Pura Raza Espanola) hervor. Heutzutage wohnen übrigens noch immer Karthäusermönche in La Cartuja. Was sie dort machen, bleibt der einen Hälfte der Menschheit verborgen: Die Mönche lassen nur männliche Besucher durch die Klostertore ein. Aber sie werden sich die Zeit angenehm vertreiben: Denn jeden Monat erhalten die Mönche von einer der Kellereien aus Jerez sechs Kisten à zwölf Flaschen Sherry geschickt. Umsonst, versteht sich, denn auch diese Geste hat Tradition.

Die Feria de Caballo in Jerez ist für jeden Besucher offen. Die Casetas der Freunde und Unternehmen lassen alle herein und geben keine schriftlichen Einladungen heraus. Die Bodegas der Stadt haben selbstverständlich auch eine Caseta auf der Feria, schließlich ist das Fest aufs Engste mit ihren Weinen verbunden.

Unten: Der Kopfschmuck der Pferde besteht aus kunstvoll verknoteten Troddeln
Rechts: Das A und O einer Feria ist sehen und gesehen werden
Folgende Doppelseite: Bereits kleine Mädchen üben sich in der hohen Reitkunst, die dann im Erwachsenenalter bis zur Perfektion ausgereift ist

Oben: Neben dem Kutscher, der die Zügel in der Hand hält, kann man sich ruhig ein Gläschen Sherry gönnen
Rechts: Die Feria de Caballo ist nicht nur für heißblütige Pferde, sondern auch für schöne Frauen berühmt

Oben: Auch ohne Pferd kann man auf der Feria Temperament beweisen
Rechts: Eine sorgfältig zurechtgemachte Andalusierin auf dem Weg zur Feria
Nächste Doppelseite: Während der Feria kommen vor allem die Frauen aus der ganzen Umgebung, um in großen Gruppen zu tanzen und zu singen

Feria del Caballo
JEREZ
La Ina
La Ina

JEREZ
La Ina
La Ina

Oben: Im »Cartujano« vereinen sich die Wildheit der Berber, die Ausdauer der iberischen Rasse und die Eleganz der Araberpferde
Rechts: Der Anblick eines echten Andalusiers läßt die Herzen aller Pferdefreunde höher schlagen

Di

Der Stierkampf

Die Zeit der Ferias ist auch die Zeit, in der die Stierkampfsaison beginnt. Ebenso wie in Sevilla finden während der Feria in Jerez täglich Stierkämpfe statt. Die berühmtesten Toreros aus ganz Spanien kommen in die Städte der Ferias, und ihre Vorführungen im gelben Sand der Stierkampfarena sind lange Zeit im voraus ausverkauft. Die Leidenschaft vieler Spanier für den Kampf, der immer mit dem Tod des Stieres endet, ist für Ausländer schwer nachvollziehbar. Der Stierkampf widerspricht allen Geboten des Tierschutzes, ist brutal, archaisch und unfair. Der Stier hat von Anfang an keine Chance, sein Leben zu retten. Er wird auf jeden Fall tot die Arena verlassen. In den meisten Fällen stirbt er den in den Augen der Zuschauer ehrenvollen Tod durch den Degen des Matadors. Wenn der Stier kampfesmüde ist und nicht aggressiv auf das Wedeln des Tuches reagiert, wird er mit einer Herde Kühe aus der Arena getrieben und erliegt dann in der Box dem Kolbenschlag des Metzgers.

Die 24 Stunden vor dem Kampf wird der Stier in einer dunklen Zelle in der Stierkampfarena eingesperrt. Diese Erfahrung ist neu für ihn, da er seine bisherigen Lebensjahre ausschließlich auf den menschenleeren Weiden des westlichen Andalusiens zugebracht hat. Dort führte er ein Leben, von dem Rinder in Zuchtställen nur träumen können. Der Kampfstier hat auf den weiten und sanften Hügeln zwei bis vier Jahre frei gelebt. Er ist umhergezogen und hat so die festen Beinmuskeln bekommen, die er später in der Arena dringend braucht. Er hat auf den im Frühjahr saftigen Weiden gefressen und sich im Sommer Schatten unter den Stein- und Korkeichen gesucht. Menschen hat er sein ganzes Leben nur aus der Ferne gesehen.

Dehesa heißt die einzigartige Landschaftsregion, die ihr Überleben ausschließlich der Kampfstierzucht verdankt. Die Dehesas im südwestlichen Andalusien und der angrenzenden Extremadura bestehen aus ausgedehnten Weiden, auf denen in lockeren Abständen Korkeichen, Steineichen und Olivenbäume stehen. Diese natürliche Kulturlandschaft bietet zahlreichen Säugetieren, Insekten, Vögeln und Reptilien, die ungestört von industrieller Landwirtschaft zwischen den Stieren leben, einen Lebensraum. Die Dehesas bilden ein sich selbst regenerierendes ökologisches System, das natürlich ausgewogen ist, da Menschen hier nur selten regulierend eingreifen. Nichtspanische Tierschützer vergessen bei ihrem Feldzug gegen den Stierkampf oft, daß mit dem Verschwinden der Stierzucht auch die Dehesas den Maschinen und den Chemikalien der Agrarindustrie weichen müßten. Die rund 12.000 Stiere, die jährlich in den Stierkampfarenen zwischen Barcelona und Badajoz sterben, sind zudem eine verschwindend kleine Menge im Verhältnis zu den Millionen Rindern die in den Industrieställen Europas gemästet und dann geschlachtet werden.

Oben: »Straße des Stiers« wird die Verkehrsader genannt, die sich durch die Dehesa zieht
Rechts: Respekteinflößendes Kraftpaket: ein ausgewachsener Kampfstier. Im freien Gelände bekommt man die Stiere nur selten zu Gesicht, sie sind sehr scheu

Einen Tag vor der *Corrida de Toros* (dem Stierkampf) werden die Stiere in die dunklen Verschläge unterhalb der Zuschauertribünen in der Arena gebracht. Bei jeder Corrida kämpfen drei Toreros mit je zwei Stieren, so daß an einem Nachmittag sechs Stiere ihr Leben lassen. Wenn der Stier in die Arena getrieben wird, ist sein Schicksal besiegelt. Seine Augen haben sich an das dunkle Licht der Zelle gewöhnt, und so ist er völlig geblendet, wenn er in den sonnendurchfluteten Kreis stürmt. Dort wartet der Matador auf ihn, der ihn mit dem roten Tuch, der *Capa*, reizt und seine Reaktionen testet. Während der Matador seine kunstvollen Figuren dreht, nutzt er die Zeit, um den Stier zu beobachten. Das Tier ist völlig unverletzt und folgt lediglich den Bewegungen der Capa. Nicht die rote oder eigentlich rosa Farbe des Mantels lenkt die Aufmerksamkeit des farbenblinden Tieres, sondern die Pirouetten der Capa. Dieses wahrhaft kunstvolle Vorspiel, in dem der Matador mit seinen Drehungen verschmilzt, ist der ästhetischste Teil der Corrida. Er dauert jedoch nur wenige Minuten, damit der Stier nicht lernt, zwischen Mantel und Mensch zu unterscheiden, und nicht nach dem Menschen stoßen kann.

Ein Stierkampf ist wie ein klassisches Drama in verschiedene Akte eingeteilt und folgt einer strengen Dramaturgie. *Suerte de vara* heißt das erste Drittel, zu dem auch das Spiel mit der Capa gehört. Wenn der Matador sich hinter die Bretterwände zurückgezogen hat, kommen die zwei Picadores in die Arena. Diese sitzen in wattierten Jacken und Hosen auf einem mit matratzenähnlichen Polstern geschützten Pferd. Dem Pferd sind Augen und Ohren verbunden, damit es nicht scheut und vor dem Stier davonläuft. Die Picadores sind mit Lanzen bewaffnet, mit denen sie den Stier in den Nacken stechen, um die Nackensehnen zu schwächen. Der Stier, vor Schmerz aufgebracht, arbeitet sich währenddessen an dem Pferd ab, hebt es in die Luft und versucht, seine Hörner in den Unterleib des Pferdes zu rammen. Dies schwächt den Stier für den späteren kurzen Kampf mit dem Matador. Wenn der Stier nicht schon im ersten Akt den Großteil seiner Kraft verlieren würde, hätte wohl kein noch so guter Matador den Hauch einer Chance, seinen Degen bis in die Hauptschlagader des Tieres zu versenken. Die Picadores sind beim Publikum äußerst unbeliebt. Die Zuschauer buhen und pfeifen die Picadores oft aus, vor allem dann, wenn sie zu häufig zustoßen.

Der Stier ist nach dem ersten Akt kaum noch in der Lage, sich auf natürliche Weise zu verteidigen, nämlich mit gesenktem Kopf loszurasen, die Hörner in den Gegner zu rammen und den Kopf hochzureißen. Im zweiten Akt, der *Suerte de banderillas*, setzen drei Banderilleros dem Stier je zwei mit Widerhaken versehene Holzstäbe in den Nacken. Die Banderillas sind mit bunten Bändern geschmückt und baumeln nach dem kurzen Spektakel vom blutüberströmten Nacken des Tieres herab.

Schließlich beginnt die *Suerte de matar*, das Drittel des Tötens. Der Matador betritt mit einem großen und schweren roten Tuch, der *Muleta*, die Arena. Er lenkt die Muleta mit einem Holzstab und führt sie dicht an seinem Körper vorbei. Der Stier folgt den Drehungen und Wendungen der Muleta und für wenige Minuten verschmelzen Matador und Stier in der Choreographie des Todes. Doch auch dieser Tanz um die Muleta muß schnell gehen, damit der Stier nicht am Ende doch den Matador auf die Hörner nimmt. Der hat schon kurz nach Beginn den Holzstab gegen einen Degen ausgetauscht, mit dem er eine etwa handtellergroße Stelle zwischen den Schulterblättern des Stieres treffen muß.

Links: Gute 500 Kilo bringt ein Stierkampf auf die Waage
Rechts: »Glück des Tötens« heißt Suerte de matar übersetzt, immer wieder ein besonderer Augenblick im Leben eines Matadors

Ist der Matador gut, trifft er sofort, und der Degen gleitet in den Körper des großen Tieres. Meistens jedoch braucht der Matador mehrere Anläufe, bis er den einzig richtigen Punkt gefunden hat. Und auch dann fällt der Stier nicht auf der Stelle tot um, sondern taumelt noch eine Weile durch die Arena, bevor er zusammenbricht. Der Matador hilft dann mit einem Stahlpickel nach und befördert den Stier in das Reich der Toten. Danach kommen die Metzger und schleifen das Tier mit Hilfe eines Mauleselkarrens aus der Arena, um es zu zerlegen und sein Fleisch an die Restaurants und Händler zu versteigern.

Das ganze Spektakel darf nicht länger als zwanzig Minuten dauern, denn sonst weiß der Stier die Kniffe und wird zu gefährlich. Stierkampfkenner sagen, daß ein Stier in seinen letzten zwanzig Minuten mehr lernt als in den zwei oder vier Jahren seines vorangegangenen Lebens. Bei jeder Corrida kämpfen drei Matadore gegen je zwei Stiere und jedes Todesschauspiel folgt demselben Ablauf, der auf einem jahrtausendealten Ritus beruht. In ihn fließen religiöse, kultische und kulturelle Aspekte des mediterranen Lebens. Eine vorschnelle Ablehnung der Corrida wird dem kulturellen Gut Spaniens nicht gerecht. Der Kampf mit dem Minotaurus gehört zur mediterranen Kultur wie die Olivenbäume und die Weinstöcke. Der Stier war seit alters her Ausdruck von überschäumender Kraft. Er symbolisierte Sexualität und Fortpflanzung. Als Verkörperung des Sonnengottes spielt er eine bedeutende Rolle in den Mythologien der an das Mittelmeer angrenzenden Länder.

Der Kampf zwischen Torero und Stier ist in seiner heutigen strengen und formalisierten Form von vornherein unfair: Der Stier hat keine Chance, sein Leben zu retten. Doch darum geht es ja schließlich auch nicht. Im Stierkampf spiegeln sich der Stolz und der Machismo der spanischen Männer. Die heutige Form des sogenannten modernen Stierkampfs wurde von Adligen im ersten Drittel des 19. Jahrhunderts erfunden. Sie hatten viel Muße und suchten nach einer ihrem Stand angemessenen Herausforderung. Anders als die Gladiatoren in den Arenen des römischen Reiches standen sie als freie Männer in dem Rund und konnten ihrem Ausdruck als mutiger und stolzer Edelmann frönen. Längst sind die Corridas kein Vorrecht des Adels mehr. Doch die Matadore haben die Kostüme des 19. Jahrhunderts beibehalten und üben doch immerhin einen frei gewählten und gut bezahlten Beruf in der Arena aus.

Anerkennung und Bewunderung des Publikums müssen sie sich jedoch hart erarbeiten. Die Stierkampf-Enthusiasten (Aficionados) sind unerbittlich, wenn der Matador die Capa unästhetisch schwingt oder ungeschickt und unnötig grausam mit dem Stier umgeht. Lautstark geben die Zuschauer während einer Corrida ihre Kommentare über Matadore und Stiere ab und buhen schlechte Kämpfer aus. Nach einer Corrida versammeln sich die Aficionados in den Bars gegenüber jeder Arena, die deutlich in den Farben des Stierkampfs gehalten sind. Ockergelb ist die Farbe des Sandes, rot die Farbe des Blutes. Gelb und Rot symbolisieren zudem die spanischen Nationalfarben, denn der Staat hat die Corrida in den Rang einer Fiesta Nacional erhoben. In den Bars diskutieren die Zuschauer nach dem Spektakel lauthals und wild gestikulierend jeden Streich der Capa und jeden Stich. Hinterher, wenn die sechs Stiere einer Corrida erlegt sind und sich gezeigt hat, ob der Torero seinem Ruf gerecht worden ist, gibt es für die Andalusier nur ein Getränk, das dem Anlaß angemessen ist: Sherry.

Links: Stiere in den berühmten Korkeichenwäldern im Südwesten Andalusiens
Rechts oben: Den »echten« Flamenco erlebt man im kleinen Kreis in Bars

Flamenco – der tiefinnere Gesang

Immer, wenn die Seele und das Herz des Andalusiers angesprochen werden, begleitet Sherry die Darbietungen. So trinken auch die Zuschauer in einer Flamenco-Bar fast ausschließlich den trockenen eisgekühlten Fino. Jerez gilt neben Granada und Sevilla als eine der Wiegen des Flamencos, jenes Tanzes, den die aus Indien gekommenen Gitanos (Zigeuner) gegen Ende des 18. Jahrhunderts erstmalig öffentlich in Spanien aufführten. Vor allem in Sevilla und Jerez gibt es daher etliche Bars, deren unscheinbarer Eingang nicht auf die hohe Kunst schließen läßt, die sich in den hinteren Räumen ereignet. Auf niedrigen Holzstühlchen hocken dort Gitarrenspieler, ein Trommler, Sänger und Sängerinnen und die für den richtigen Rhythmus so wichtigen Klatscher. Mit hohlen oder flachen Handflächen klatschen diese Frauen und Männer den Takt und geben dem Flamenco den charakteristischen Klang. Das dichtgedrängte Publikum in den engen Räumen klatscht ebenfalls an vereinzelten Stellen und heizt die Stimmung mit einem dazwischengerufenen »Olé!« oder »Vamos!« an. Bei jedem Lied steht eine Frau aus dem Publikum auf, rafft ihre Röcke und tanzt voll Verzückung Flamenco. Dazu springt sie nicht selten auf die kleine Bühne. Wenn dort zwischen den Musikern kein Platz mehr ist, wird sie zwischen den Zuschauern stampfen, hüpfen und sich drehen. Dieses Schauspiel ist nicht einstudiert oder abgesprochen. Es ist gefühlt, es ist der Geist der Musik, der die Frauen erfüllt und mitreißt.

Der Flamenco wird gern als der Blues Spaniens bezeichnet, denn seine Texte handeln, wie die Lieder der Afroamerikaner, von Leid, Liebesschmerz, Unterdrückung und Trauer. Die Gitanos Andalusiens, die bis heute am Rande der Gesellschaft leben, haben den tiefinneren Gesang (*Cante Jondo*) im Laufe der Jahrhunderte in Spanien entwickelt. Ende des 18. Jahrhunderts traten sie damit zuerst in der Öffentlichkeit auf. Die Sänger und Sängerinnen wurden dabei lediglich rhythmisch von Händeklatschen, Schnippen, Klopfen oder Stampfen mit dem Fuß begleitet. Erst Mitte des 19. Jahrhunderts kam als erstes Instrument zur musikalischen Begleitung die Gitarre dazu. Sie ist bis heute das wichtigste Musikinstrument des Flamencos, auch wenn mittlerweile einige Interpreten Geigen, Querflöten oder gar Schlagzeuge in ihr Repertoire aufgenommen haben.

Im Flamenco verschmelzen die verschiedensten Elemente der Kulturen, die in den vergangenen 1000 Jahren in Andalusien gelebt haben: Arabische Musik, persischer Gesang, Synagogengesänge der spanischen Juden, indische Musik- und Gesangstradition der Gitanos. Auch wenn es viele hervorragende und ausgezeichnete Flamenco-Sänger, -Spieler und -Tänzer gibt, die nicht Gitanos sind, haben doch nur sie diese einzigartige Musik Spaniens geschaffen und ihr die bis heute geltende Struktur in den Texten und der Musik gegeben.

Der Gesang ist die Seele des Flamencos. Das hängt nicht nur mit den Texten über Liebe und Tod, Verlust und Armut zusammen. Durch die Modulation der Stimme, die vorzugsweise kehlig und rauh klingt, die mehrfachen Wiederholungen einzelner Sätze und die langgezogenen Schreie (Ayyy…!) vermittelt einzig der Gesang die melancholische Stimmung des Flamencos. Für ungeübte Ohren klingt der Gesang oft unharmonisch, doch diese Betonung macht letzendlich seinen Charme aus. Flamenco ist nicht nur melancholisch und getragen, sondern ebenso tief emotional, wild und witzig-ironisch. Neben dem Cante Jondo unterscheidet man daher den leichteren und lebendigeren Flamenco, der *Cante Chico* (kleiner Gesang) genannt wird. Das tief empfundene Gefühl und die für den Flamenco so typische unterschwellig immer vorhandene, dennoch perfekt beherrschte, wilde Sexualität kommt für die meisten nichtandalusischen Zuschauer am besten im Tanz zum Ausdruck. Ursprünglich tanzten nur Frauen zum Flamenco. Die *Bailaoras* (Tänzerinnen) tanzten barfuß, und da ihre Beine von langen Röcken bedeckt waren, drückten sie Stimmung und Rhythmus sichtbar nur mit weichen Bewegungen der Hüfte und des Oberkörpers aus. Mit den Armen und kreisenden Bewegungen der Hände unterstrichen sie ihre empfundenen Gefühle. Erst später tanzten auch Männer, die die kraftvollen und heftigen Bewegungen in den Flamenco-Tanz einbrachten. Die *Bailaores* (Tänzer) entwickelten auch den so typischen *Zapateo*, das schnelle Stampfen mit den Füßen.

Heutzutage haben sich die Formen vermischt und manch eine Bailaora beherrscht den Zapateo besser als jeder männliche Tänzer. Wirklich gute Flamenco-Darbietungen zu sehen, ist für ortsunkundige Reisende nicht leicht. Zwar bieten viele Lokalitäten »Flamenco-Vorführungen« an, doch das Geschehen in den sogenannten *Tablaos* hat kaum etwas mit Flamenco zu tun. Die Shows sind für Touristen zusammengestellt und vermitteln vom Flamenco ungefähr soviel wie das Münchner Hofbräuhaus von Bayern. Um wahren Flamenco zu sehen und vor allem zu hören können sich Reisende seit einigen Jahren auf verschiedene Festivals in Andalusien verlassen. Herausragend ist der Wettbewerb *Concurso Nacional de Flamenco*, der leider jedoch nur alle drei Jahre in Córdoba stattfindet. Seit 1996 versucht Jerez, ein jährlich im April stattfindendes Flamenco-Festival zu etablieren. Von klassischen Gitano-Gruppen bis zu avantgardistischen Flamenco-Expressionisten kommen Künstler von internationalem Rang nach Jerez.

Doch wer erleben möchte, wie die Menschen mit dem Flamenco leben, dem bleibt nur, in die Gassen der Altstädte von Sevilla, Cádiz oder Jerez zu gehen, und nach den kleinen Bars zu suchen. Hier drängeln sich die Nachbarn des Viertels, quetschen sich auf niedrige Hocker und lauschen gespannt dem Klopfen der Hände, dem Schlag der Gitarren und den langgezogenen Schreien der Sänger. Hier erhitzen sich die Gemüter und hier reißt das Gefühl die Menschen von den Stühlen. Und nichts besänftigt hier die Sinne schöner und kühlt die Kehle besser als ein Glas eiskalter Sherry.

Links oben: Die Beherrschung der perfekten Armdrehung erfordert jahrelange Übung
Rechts: Flamenco ist getanztes Gefühl, dafür bedarf es weder Jugendlichkeit noch besonderer Kleider

ANDALUSIER, ER WIRD WELTWEIT GERN GETRUNKEN. DOCH SHERRY IST NICHT GLEICH SHERRY. JEDE SORTE ENTWICKELT WÄHREND DES REIFUNGSPROZESSES IHRE GANZ INDIVIDUELLE FARBE UND GESCHMACKSNOTE. DEM SHERRY-FREUND BLEIBT DIE QUAL DER WAHL.

WAS IST SHERRY?

Sherry wird auf der ganzen Welt getrunken. In New Yorker Bars genauso wie in Londoner Pubs, Wiener Kaffeehäusern und Tokioer Nachtclubs, dem Hamburger Rathauskeller und seit dem Fallen des Eisernen Vorhangs auch in Moskauer Restaurants. Besonders geschätzt wird Sherry als Aperitif und Digestif. Aber auch als Abschluß der nachmittäglichen Kaffeetafel und des Fünf-Uhr-Tees. Die Welt kennt Sherry seit Hunderten von Jahren und hat sich angewöhnt, ihn als Dry, Medium oder Cream zu bezeichnen.

Dabei gibt es den Sherry eigentlich nicht. Sherry ist nicht nur ein Wein, er repräsentiert eine ganze Palette an Weinen, die mit den üblichen Klassen Dry, Medium und Cream nur sehr unzureichend benannt sind. Der Geschmack eines Sherry kann wahrhaft knochentrocken sein, ein Sherry kann aber auch, wie ein Weihnachtskuchen, nach Rosinen, gerösteten Mandeln, Kardamom und Zimt schmecken. Ein Sherry kann nach Waldfrüchten schmecken, an Lakritze erinnern und frisch wie eine Meeresbrise das Aroma von Salz und Jod mit sich bringen. Das Getränk birgt ein Universum an Geschmacksrichtungen in sich, die alle zu entdecken das Leben eines andalusischen Kellermeisters ausmachen kann.

In der Heimat des Sherry – in jenem halbmondförmigen Zipfel Land an der Südspitze Spaniens – kennen die Menschen den Begriff »Sherry« nicht. Sie haben jedem Wein einen individuellen Namen gegeben, der seine wichtigsten Charakteristika widerspiegelt. Da ist der *Oloroso*, der Duftende. In seinem Duft schwebt das Aroma von Walnüssen, Vanille, Muskatnuß, Lakritze und diverser anderer köstlicher Ingredienzen. Er ist mahagonifarben, von Natur aus trocken und mit sehr kräftigem Aroma und Körper ausgestattet. Diese Eigenschaften können um ein Rosinenaroma erweitert werden, wenn dem Oloroso ein wenig des sehr süßen *Pedro Ximénez*-Weins untergemischt wird. Er heißt dann *Oloroso Dulce*.
Oder dann gibt es die *Manzanilla*. Die strohgelbe Farbe der Kamille gab dem Wein ihren Namen, erinnert sie doch

an einen Tee aus der Pflanze. Eine Manzanilla kommt immer aus Sanlúcar de Barrameda. Nur wenn ein Wein in den Bodegas dieser Hafenstadt an der Mündung des Guadalquivir in den Atlantik gereift ist, heißt der Wein Manzanilla. Vorausgesetzt, er hat diese charakteristische Farbe, ist staubtrocken, dennoch frisch und prickelnd und in seinem Geschmack finden sich die Meerwinde seiner Heimat wieder. Die Manzanilla reist nicht gern, sagt man in Andalusien, daher gibt es diesen Wein außerhalb Spaniens sehr selten zu kaufen.

Dann gibt es den berühmten *Fino*, den Feinen. In Andalusien ist er sicher der mit Abstand meistgetrunkene Wein aus Jerez. Wie seine Schwester, die Manzanilla, ist der Fino trocken, von hellgelber Farbe und hat einen frischen, wenngleich feinnussigen Geschmack. Mit dem Fino eng verwandt ist der *Amontillado*, der Wein aus Montilla. Montilla-Moriles ist eine der Weingegend um Jerez sehr ähnliche Region. Sie liegt in der Provinz Córdoba, rund 50 Kilometer südlich der gleichnamigen Stadt. Die dortigen Winzer und Kellermeister stellen seit Jahrhunderten den Sherrys sehr ähnliche Weine her. Bis die Region um Jerez zu einem kontrollierten Anbaugebiet (*Denominación de Origen*) wurde, kauften die Jerezaner Kellereien regelmäßig Weine aus Montilla-Moriles zu und verschnitten sie mit den ihren. Der typische Wein für Montilla-Moriles – der Amontillado eben – hatte es den Jerezanern schon seit Jahrhunderten besonders angetan, weswegen sie ihn imitierten und ihrem Wein denselben Namen gaben. Ein Amontillado aus Jerez ist ein dunkel gereifter Fino, dessen Alkoholgehalt mit Weinalkohol auf ungefähr 17 Vol. % erhöht wurde. In Montilla-Moriles nämlich haben die Weine von Natur aus einen höheren Alkoholgehalt, da Klima, Lage und Trauben diesen begünstigen.

Eines haben alle Sherrys gemeinsam: Sie fühlen sich am wohlsten in einem Faß aus amerikanischer Eiche. Nur hier können sie zu dem heranreifen, was in ihnen steckt. Die Bodegas füllen ihn deshalb immer nur auf Bestellung in Flaschen ab. Denn ist der Sherry erst in der Flasche, ist sein Reifeprozeß abgebrochen und wird nicht, wie bei anderen Weinen üblich, in der Flasche fortgesetzt oder dort gar erst eingeleitet. Sherrys sollten daher relativ zügig getrunken werden, wobei sie es je nach Art schon bis zu drei Jahren in der Flasche aushalten. Auch wird ein Sherry danach nicht schlecht sein, aber an geschmacklichem Glanz verlieren. Dasselbe gilt auch für einmal geöffnete Sherry-Flaschen. Die hellen *Finos* sollten innerhalb von einer Woche geleert werden, dunklere *Amontillados* und *Olorosos* können schon mal bis zu zwei Monate geöffnet herumstehen.

Der wahre Genuß eines Sherrys hängt entscheidend von seiner Temperatur ab. *Finos* und *Manzanillas* sollten immer gut gekühlt getrunken werden (7 Grad Celsius), ein süßer *Oloroso* schmeckt bei frischen 13 Grad Celsius, wohingegen die dunklen und trockenen *Amontillados* und *Olorosos* am besten Zimmertemperatur haben sollten, ebenso wie der süße und schwere *Pedro Ximénez*. Ihr volles Aroma entfalten diese Weine übrigens am besten in einem tulpenförmigen Stielglas, das trotz seiner relativ geringen Größe nur ungefähr zu einem Drittel gefüllt sein sollte. Den Stiel zwischen Daumen und Zeigefinger haltend, läßt sich nun klingend anstoßen. Salud!

Rechts: Wandgestell für Sherry-Gläser in einer Bodega. Daneben lehnt die Venecia, das Schöpfgerät der Kellermeister

Wenig Landstriche wurden von so vielen verschiedenen Kulturen geprägt und inspiriert wie Andalusien. Besonders der Weinanbau profitierte von den vielfältigen Anregungen und trotz teilweise unruhiger Zeiten konnte nichts den Siegeszug des Sherry in der ganzen Welt aufhalten.

Ein Mythos entsteht

Jeder Mythos hat eine lange Geschichte. Und Sherry ist ein Mythos. Die Menschen zwischen Jerez de la Frontera im Landesinneren und Sanlúcar de Barrameda und El Puerta de Santa María an der Atlantikküste leben seit über 2000 Jahren von und mit dem Wein. Denn ob sie unter phönizischer oder römischer, arabisch-muslimischer oder spanisch-katholischer Herrschaft standen, sie verdankten ihr Auskommen doch immer zu einem großen Teil dem begehrten Vino de Jerez.

Die ersten Reben aus Phönizien

Die ersten Zeugnisse für den Weinanbau in der Region um Jerez stammen aus dem achten Jahrhundert vor Christus. Vor einigen Jahren fanden Archäologen in der phönizischen Ausgrabungsstäte Castillo de Doña Blanca an der Straße zwischen Jerez und El Puerto de Santa María zwei Kelter aus dieser Zeit. Die Phönizier waren es auch, die die ersten Rebstöcke in der Region um Jerez anpflanzten. Als sie vor 2800 Jahren von ihren Schiffen an Land gingen, standen sie auf einem von der Natur gesegneten Land. Üppige Wälder zogen sich über die leicht hügelige Landschaft hin, durch die sich das ganze Jahr über wasserreiche Flüsse schlängelten. In den fruchtbaren Flußauen wuchs dank der fast täglich scheinenden Sonne jede gewünschte Ackerfrucht. Doch die Phönizier wollten das Land am Atlantik nicht nur besiedeln und urbar machen. Als starke Seefahrernation mit florierendem Schiffsbau benötigten sie enorme Mengen an Holz und waren die größten Holzhändler des Mittelmeerraumes.

Die Catredal Nueva, die Kathedrale von Cadiz stammt aus dem 18. Jahrhundert und ist rein christlichen Ursprungs

Die Alhambra von Granada ist ein eindrucksvolles Zeugnis der maurischen Herrschaft in Andalusien. Dahinter liegt die verschneite Sierra Nevada

Das reich verziertes Wandfries in der Alhambra ist mit islamischen Segenssprüchen versehen

Die Alcázar in Sevilla weist ebenfalls wunderschöne maurische Wandfriese auf

Im Innern der Alcázar von Sevilla

Die Mezquita in Córdoba ist das größte maurische Bauwerk Europas

Die Mauren waren Meister der Gartenbau- und Bewässerungskunst. Aus dem fernen Persien kannten sie das Schöpfrad und das System, mit Rohrleitungen oder schmalen Kanälen hektargroße Felder oder Äcker zu bewässern. Nachdem die Araber das gesamte Land verstaatlicht hatten, um es dann an Bauern zu verpachten, konnten die Landwirtschaft und der damit verbundene Handel florieren. Zu dem Wein, den die Mauren in den fruchtbaren Hügeln um Jerez vorfanden, brachten sie den Bewohnern von Al-Andalus aus dem Jemen den Granatapfel und die Zitrone, aus Ägypten den Pfirsich und die Feige und aus Babylonien die Bohne. Auch den heute noch wild an Flüssen wachsenden Maulbeerbaum, die Baumwolle und das Zuckerrohr, Artischocken, Klee, Pfefferminze und Rosen brachten die Mauren nach Spanien.

Christen und Moslems lebten dank der toleranten und weltoffenen Einstellung der Mauren friedlich und harmonisch miteinander. Und profitierten auch in erster Linie die christlichen Spanier von den Mauren, lernten Letztere doch ganz neue Genüsse und Sinnenfreuden von den Christen kennen. Denn Wein zu trinken, war den Moslems durch das Alkoholverbot des Korans zwar verboten. Allerdings belegen alte Schriften, daß es schon in Al-Andalus eine Vielzahl von Schenken gegeben hat, in die nicht nur Christen einkehrten. Viele Gedichte aus der Zeit zeugen zudem von der maurischen Verehrung des Weins.

Außerdem kannten die Araber die antiseptische und medizinische Wirkung von Alkohol (von arabisch »Al-Khol«) und wußten ihn aus Trauben- und anderen Fruchtmosten zu destillieren. Daß dies hochprozentige Destillat ebenfalls trinkbar war, zeigten ihnen allerdings erst die Christen. In die Destillationskunst eingewiesen, waren sie bald darauf gekommen, den Alkohol mit Wasser oder Fruchtsäften zu vermischen oder ihn gleich ihrem Wein beizumengen. Diese Mischtechnik, mit der Sherry auch heute noch aufgespritet wird, hat also eine lange Tradition in Jerez, wenngleich sie doch heutzutage exquisite Ergebnisse hervorbringt. Denn mit dem primitiven Alkoholisieren der Vergangenheit haben die Olorosos, Finos und Amontillados von heute nichts mehr gemein.

Wer trinkt, besäuft sich, wer sich berauscht, macht Unsinn, wer Unsinn treibt, schmiedet Lügen, und wer das tut, der muß bestraft werden, befand zu Zeiten der Maurenherrschaft ein arabischer Religionsgelehrter. Das wilde Treiben in den Tavernen wurde dem Kalifen Alhaken II. – damaliger Herrscher über V-Andalus – im Jahr 966 zu bunt. Er befahl, daß alle Rebstöcke um Jerez entwurzelt werden sollten. Glücklicherweise waren die Andaluces schon damals gewitzt und erfindungsreich. Schlitzohrig schlugen sie dem Kalifen vor, die Trauben nicht zu pressen und Wein aus ihnen zu gewinnen, sondern sie zu trocknen. Die Rosinen sollten für einen möglichen Krieg gehortet werden und den Kriegern als Nahrung dienen. Der Vorschlag gefiel dem Kalifen. Die Weinbauern durften daraufhin ein Drittel

Links: Der maurische Türklopfer ist ein Relikt aus dem 8. Jahrhundert nach Christus
Rechts oben: Der in Stein gehauene Römer, bekannt als »Mann mit Helm«, zeugt in Jerez von römischer Besetzung
Nächste Doppelseite: Weinhügel in der Nähe von Jerez

der Rebstöcke stehenlassen, wobei Anweisungen von der Regierung in Südspanien schon immer sehr großzügig ausgelegt wurden. Auf jeden Fall erfanden die Jerezanos nach dem wunderbaren Wein auch noch die Rosine. Und natürlich landete auch nicht jede Traube auf dem Trockendach, sondern fand ihren Weg in den Kelter und das Weinfaß.

Die Christen und der Wein

Vielleicht wären die moslemischen Herrscher ihren cleveren Untertanen irgendwann auf die Schliche gekommen. Doch ihre Macht endete 1264, als der christliche König Alfons X. (der Weise) Jerez eroberte. Er trug nicht nur seinen Namen zu Recht, sondern war auch ein großer Weinliebhaber mit eigenen Weinbergen in Jerez, um die er sich der Überlieferung nach persönlich kümmerte. Der Wein war damals meist ein süßlicher, eingedickter oder eingekochter Rotwein. Auch aus Rosinen gewannen die Winzer schwere Weine, die gar noch mit Honig nachgesüßt wurden. Aus dieser Zeit stammt auch der auf der ganzen Welt außer in Spanien übliche Name für den Wein aus Jerez. *Sherish* nannten die Araber den Ort und als »Wein aus Sherish« importierten die Engländer ihn, nachdem der englische König Heinrich I. den Jerezanos vorgeschlagen hatte, Wein gegen Wolle zu tauschen. Aus Sherish machten die Engländer Sherry – eine Qualitätsbezeichnung, die seitdem Bestand hat.

Mit den christlichen Machthabern konnte nun hemmungslos Wein angebaut und gekeltert werden. Die Engländer konnten nicht genug von dem stimulierenden Getränk aus Spanien bekommen und der süße, teils likörartige Wein wurde zu einer Quelle des Wohlstandes in Jerez. Wo das Geld lockt, wird auf die Reinheit des Produktes meist nicht mehr geachtet. Englische,

SÜDLICHES KLIMA UND IDEALE BÖDEN ZEICHNEN ANDALUSIEN AUS. UNTER SOLCH HERVORRAGENDEN BEDINGUNGEN KONNTE DER WEINANBAU GELINGEN. HIER GEDEIHEN UNTERSCHIEDLICHE TRAUBENSORTEN, DIE DIE VIELFALT DER SHERRYS HERVORBRINGEN.

DAS LAND, DIE SONNE, DER WEIN

Salz liegt in der Luft. Ein frischer Wind weht in starken Böen über die sanften Hügel. *Poniente* nennen ihn die Andalusier in dem halbmondförmigen Dreieck zwischen den Flüssen Guadalquivir und Guadalete und dem Atlantik. Der Poniente bringt feuchte kühle Meeresluft vom Atlantik mit sich und kann die Luftfeuchtigkeit in dem 15 Kilometer vom Meer entfernt gelegenen Jerez auf mehr als 90 Prozent ansteigen lassen. In den heißen und extrem trockenen Sommermonaten ist der Poniente auf den Weinbergen hochwillkommen, trägt er doch entscheidend zum Wachstum der Trauben bei.

Das Klima

Denn an 300 Tagen des Jahres scheint die Sonne im südwestlichen Andalusien, wenn auch nicht an jedem Tag von einem gänzlich wolkenlosen Himmel. Aus den Wassermassen des Atlantik aufgestiegene Dunstschleier dämpfen zudem häufig die sengenden Strahlen und legen sich am Abend sanft über die Landschaft. Nachts bringen sie Tau, der die Blätter der Weinreben mit Feuchtigkeit benetzt.

Für spanische Verhältnisse sind die Sommer mit einer durchschnittlichen Höchsttemperatur von 35 Grad Celsius eher moderat. Durchschnittlich wohlgemerkt, denn im Juli und August kann es mit Leichtigkeit auch 40 Grad heiß werden. Im Winter sackt das Quecksilber normalerweise nicht unter 5 Grad Celsius ab, und Frost ist äußerst selten.
Das Klima entspricht also dem einer warmen, südlichen Zone. Doch täglich kann das Wetter wechseln. Strahlt heute noch

48 Stunden reifen die Trauben in der Sonne nach und gewinnen in dieser Zeit ihr unnachahmliches Rosinenaroma, das später den Weinen ihren Charakter gibt.

Die Weinkelterung

Die Weinpressen stehen, von wenigen Ausnahmen abgesehen, am Rande der Städte oder in den Weinfeldern. Von weither sind die großen, weißen Gebäude auf den Hügeln sichtbar. Aus der Ferne wirken sie wie Landgüter, dienten aber auch in der Vergangenheit ausschließlich dazu, Gerätschaften für den Weinbau unterzustellen und die Pressen und die Fässer für die Fermentation aufzubewahren. Während der Erntezeit wohnten außerdem die Weinpflücker mit ihren Familien in den zu ebener Erde liegenden Zimmern unter den Arkaden, die den ersten Stock der Gebäude tragen. Sie sind um einen Innenhof gebaut, in dessen Mitte ein Brunnen steht und die zeitweiligen Bewohner mit frischem Wasser versorgt.

Die Trauben werden, wie bei allen weißen Sorten üblich, vor der Pressung maschinell entstielt, damit das in den Stielen enthaltene Tannin nicht in den späteren Sherry gelangt. Denn bei allen Sherrysorten, seien sie auch noch so dunkel, handelt es sich doch immer um Weißweine. Dann gelangen die Beeren über kleine Förderbänder in die erste Presse, die mit sehr wenig Druck die Schalen der Beeren aufbricht. Je nach Bodega unterschiedlich, gewinnen die Winzer zwischen 60 und 70 Prozent Most aus dieser ersten Pressung, die *»Yema«* genannt wird. Der Consejo Regulador schreibt zudem vor, daß während der Yema nicht mehr als 70 Liter aus 100 Kilogramm Trauben gewonnen werden dürfen. Und nur aus dem Most der ersten Yema dürfen die Kellereien *Finos* und *Amontillados* herstellen.

Je nach Winzer oder Bodega folgen nun zwei oder drei weitere Pressungen. Sie sind bedeutend kräftiger als die erste und quetschen die Beeren in der letzten Pressung aus, bis nur noch trockene Beerenkuchen übrig bleiben. Aus dem Most der zweiten oder auch dritten Yema werden *Olorosos* und nicht klassifizierte Weine gewonnen, die vierte oder letzte Pressung taugt nur noch für die Destillation zu Alkohol oder zur Herstellung von Weinsäure. Damit der Most nicht frühzeitig fermentiert, wird ihm Schwefeldioxid zugefügt.

Aus dem Kelter läuft der Most durch Rohre in bis zu 40.000 Liter fassende Edelstahltanks. Und hier beginnt das Wunder, das seit Tausenden von Jahren harmlose Beeren in das gepriesene und besungene Getränk verwandelt hat, dem die Griechen gar einen Gott widmeten. In den Tanks werden die wilden Hefepilze aktiv, die natürlich auf den Schalen der Beeren vorkommen und durch das Pressen in den Most gelangt sind. Die wilde Hefe *»Saccharomyces apiculatus«* macht ihrem Namen alle Ehre und beginnt mit einer wilden und stürmischen Gärung, die 36 Stunden dauert. Danach geht es in den Tanks ruhiger zu. Die Saccharomyces apiculatus wandelt innerhalb von drei bis sieben Tagen über 90 Prozent des Zuckers in Äthylalkohol und Kohlendioxid um. Die Hefepilze erhitzen sich dabei, was aber einer gleichmäßigen Fermentation abträglich ist. Die Edelstahltanks sind daher von Schläuchen und Behältern durchzogen, durch die kaltes Wasser geleitet wird und die die Temperatur in den Mosttanks zwischen 22 und 24 Grad Celsius halten. Um einen haltbaren, geschmackvollen und ausgewogenen Wein zu bekommen, ist es außerdem wichtig, den Säuregehalt (pH-Wert) zu kontrollieren und konstant zu halten.

Oben: Traubenernte bei einem bekannten Sherry-Hersteller
Rechts: Glasfenster im Haus des Weines in Jerez

ERST IN DER BODEGA WIRD DER SHERRY ZU DEM, WAS ER IST. DIE HOHE KUNST DER ANDALUSISCHEN KELLERMEISTER KOMMT HIER ZUM EINSATZ. IN DEN DUNKLEN, KÜHLEN UND FEUCHTEN HALLEN REIFT DER SHERRY UNTER IHRER AUFSICHT IN RUHE HERAN UND ENTWICKELT DABEI SEIN INDIVIDUELLES AROMA.

IM REICH DES BACCHUS

Der Eintritt in eine Bodega ist wie das Betreten eines arabischen Basars. Geblendet vom grellen Sonnenlicht, sieht der Besucher zunächst nichts. Ein verwirrender, gleichsam betörender Geruch nimmt die Sinne ein. Der Duft von Lakritze und ein Hauch von Lebkuchen liegen in der Luft, das Aroma gerösteter Mandeln mischt sich in die dumpfe, von Alkohol geschwängerte Wolke. Langsam erkennt das Auge die langen Reihen der seit Jahrzehnten von Wein getränkten Holzfässer, die sich durch das schmale Gebäude ziehen. In schwarzen Fässern, je vier übereinander gestapelt, ruht das flüssige Gold von Jerez wie schon seit Jahrhunderten.

Ein kühler Lufthauch weht durch das hohe Gebäude. Zehn, fünfzehn Meter über dem Boden verhängen Matten aus Espartogras die Fensteröffnungen, und halten die grellen und heißen Sonnenstrahlen ab. Spinnen haben ungestört ihre bis zu zwei Quadratmeter großen Netze davor gewoben und fangen ungebetene Insekten ab. Vom sandigen Fußboden steigt feuchte Kühle auf. Jahrzehntelang wurde der Boden gewässert, in den heißen Sommern bis zu zweimal wöchentlich. Denn Sherry liebt es kühl, luftig, dunkel und ruhig.

Den Baumeistern von Jerez blieb nichts anderes übrig, als sich an die Forderungen des Weines anzupassen. Das jedoch haben sie meisterhaft verstanden. Seit Ende des 18. Jahrhunderts entwickelten die Architekten einen typischen Baustil, der die Stadtbilder der drei Sherry-Städte zu einem großen Teil prägt. Die langgezogenen weißen Bodegas bilden eigene Stadtviertel. Enge Straßen winden sich hindurch, auf deren

Kopfsteinpflaster noch das Rumpeln der Fässerwagen nachzuhallen scheint. Schon in den Gassen riecht es nach Wein und Alkohol, der durch die Mauern der Bodegas nach außen strömt.

Die Kathedralen des Bacchus

Kathedralen nannte im vergangenen Jahrhundert ein durchreisender britischer Schriftsteller die Bodegas, und dieser Name ist den beeindruckenden Gebäuden geblieben. Obwohl jeder Kellereibesitzer seine Bodega nach individuellen Vorlieben und Ideen gestalten ließ, haben sie doch bestimmte Gemeinsamkeiten. Da unterirdische Keller in Spanien unbekannt sind, bauten die Architekten die Bodegas in die Höhe. Dadurch kann ein Maximum an kühlender Luft durch die Hallen streichen und den Wein mit Sauerstoff versorgen. Mächtige Säulen, durch Rundbögen miteinander verbunden, halten die oft im arabischen Stil gehaltenen Kassettendecken. Die Fenster sind kurz unterhalb der Holzdecken angebracht, damit die Sonnenstrahlen nicht den Boden und die auf ihm lagernden Fässer erreichen. Die Hefeschicht Flor auf den Finos liebt die Helligkeit nicht und mag es am liebsten, wenn die Temperatur zwischen 12 und 22 Grad Celsius liegt. Auch behagen dem Flor große und plötzliche Temperaturschwankungen nicht. Die Bodegas liegen deshalb meist auf Anhöhen oder, wie in Sanlúcar und Puerto de Santa María, in Meeresnähe, damit frische Brisen vom Meer und der *Poniente* aus dem Westen durch die Hallen ziehen können. Die Weinkellereien sind von Nordwest nach Südost ausgerichtet, damit ihre dicken Seitenmauern sowenig Angriffsfläche wie möglich für die Sonne bieten.

Auch feucht muß es in den Kathedralen des Bacchus von Jerez sein. Die Böden sind daher aus Sand, unter den die Baumeister Kalk und Eisenoxyd mischten. Er hält die natürliche Feuchtigkeit und wird zusätzlich im Sommer mit Wasser bespritzt. In modernisierten Bodegas kontrollieren Sensoren die optimale Luftfeuchtigkeit und setzen bei Bedarf eine Sprinkleranlage in Bewegung, deren feine Wasserschwaden sich von der Decke her über die Fässer legen. Die ursprünglich weißgekalkten Wände der Bodegas und die Fässer aus dem hellen Holz der amerikanischen Eiche sind deshalb immer schwarz angelaufen.

Die Reifung zum Sherry

Hier nun lagern sie, die *Finos* und *Amontillados*, die *Olorosos* und *Pedro Ximénez* und strömen diesen betörenden Duft aus. Da jeder von ihnen andere Bedingungen für sein Heranwachsen benötigt, lagern sie in verschiedenen Gebäuden. Aber alle werden nach demselben *»Criadera-Solera-System«* der übereinander gestapelten Fässer gereift. *»Solera«* leitet sich vom spanischen Wort *suelo* für Boden ab. Auf dem Boden nun liegen lange Reihen von Fässern, in denen der älteste Wein eines Typs lagert. Aus diesen Fässern – der *Solera* – werden die Weine auf Flaschen gezogen. Aus der Solera wird jedoch höchstens ein Drittel entnommen und die entstandene Lücke mit dem Wein des darüberliegenden Fasses aufgefüllt, das wiederum aus dem über ihm lagernden Faß aufgefrischt wird. Dieses oberste Faß wird mit dem frischen Jahrgangswein aus der sogenannten *Añada* aufgefüllt. Die über der Solera liegenden Fässer bilden die erste, zweite und dritte *Criadera*, die dem System seinen Namen geben.
Auf diese Weise verschmelzen die Kellermeister die Weine verschiedener Jahre miteinander und erzeugen einen gleichbleibenden Geschmack. Denn der Wein aus der ersten Criadera wird in der Solera die Eigenschaften und das Aroma des Weins in der Solera annehmen, wohingegen die zweite Criadera in der ersten aufgehen wird und so weiter. Ein Sherry hat daher niemals einen Jahrgang, sondern sein Alter und seine Reife lassen sich nur mit dem Jahrgang der Solera zeitlich bezeichnen. Denn wenn eine Solera im Jahr 1842 angelegt wurde, haben aus ihr heutzutage entnommene Sherrys noch Spuren des Weines in sich, der Mitte des 19. Jahrhunderts erzeugt wurde. In einem Glas Sherry aus einer Solera 1842 vereinen sich somit über 150 Jahre Weinbau und Kellerkunst.
Nur durch dieses sanfte Mischen der Weine kann außerdem der Flor in den Finos überleben und sie vor dem Oxidieren schützen. Denn die Hefekulturen verbrauchen im Laufe der Jahre die für sie wichtigen Nährstoffe im Wein und sterben natürlicherweise ab, wenn die Nahrung aufgebraucht ist. Da den Soleras der *Finos* und *Manzanillas* aber in regelmäßigen Abständen neuer, nährstoffreicher Wein zugeführt wird, überlebt der Flor auch in jahrealten Soleras. Der Flor gibt dem Sherry nicht nur sein blaßgelbes bis sandfarbenes

Aussehen, sondern fördert diesen unnachahmlich trockenen, erfrischend-fruchtigen und leicht an Mandeln erinnernden Geschmack des Weines erst zutage. Alexander Fleming, Entdecker der heilenden Wirkungen des Penicillins, war bei einem Besuch in Jerez 1948 so begeistert vom Flor und seinen Auswirkungen, daß er meinte: *Wenn Penicillin Krankheiten kuriert, kann Sherry Tote erwecken.*

Das Criadera-Solera-System ist verhältnismäßig neu. Erst Mitte des 19. Jahrhunderts hat sich ein cleverer Geschäftsmann und Weinkenner das Mischsystem ausgedacht. Sein Name ist in der Geschichte verlorengegangen, aber ein Ehrenplatz im Herzen der Kellereibesitzer muß ihm schon damals sicher gewesen sein. Denn nur durch das Vermengen junger Weine mit älteren konnten die Bodegueros die starke Nachfrage der englischen Sherry-Freunde erfüllen. Die Kellereibesitzer hatten zunächst versucht, jüngeren und nicht lange gelagerten Wein an die Engländer zu verkaufen, die sich jedoch alsbald beschwerten und den gewohnten Geschmack vermißten. Um den zu erzielen, brauchten die Bodegueros und ihre Weine jedoch einige Jahre und konnten die Reife an sich schließlich auch nicht beschleunigen. Also ersann der anonyme Kellereibesitzer das noch heute verwendete Solera-System und beseitigte neben dem Problem der Reife auch gleich noch das Problem des Geschmacks, der fortan in der Solera in immer gleicher Weise ausgeprägt wurde.

Oben: Schier endlos reiht sich Faß an Faß in der Bodega

Añada – der Jahrgangswein

Bis zu dieser Entdeckung hatten die Kellereien die Weine nach dem weltweit üblichen Jahrgangssystem, spanisch *»Añada«*, reifen lassen. Die jungen Weine waren einfach in die damals schon üblichen Fässer aus amerikanischer Eiche gefüllt worden, in denen sie nach einigen Jahren zu einem genußvollen Wein heranreiften. Auch heutzutage kommen die Weine ein Jahr lang in die Añadas, bevor sie die jüngsten Criaderas auffüllen. In den vergangenen Jahren sind einige Bodegas wieder zu dem Añada-System zurückgekehrt und überlassen ausgewählte Weine wieder sich selbst, bis sie abgefüllt werden können.

Von einem Faß zum nächsten geleitet werden die Weine heutzutage mit Schläuchen und Pumpen. Dies erleichtert die Arbeit des Kellermeisters und seiner Mitarbeiter ungemein. In früheren Zeiten haben sie den Wein mit mehreren Liter fassenden Metallkübeln hin- und hergetragen und umgefüllt. Kleinere Bodegas mit einer geringen Produktion leisten sich diese Handarbeit auch heute noch. In den großen, industriell arbeitenden Weinkellereien sind die Fässer gar ständig an ein Leitungssystem angeschlossen, das auf Knopfdruck die Weine von einer Criadera in die nächste leitet. Dank der Technik haben die mehrere Millionen Liter im Jahr erzeugenden Bodegas auch das klassische Prinzip der übereinanderliegenden Fässer aufgehoben. Die unterschiedlichen Criaderas und ihre Solera liegen heutzutage oft in verschiedenen Gebäudeteilen.

Die Klassifizierung des Sherrys

Das Leben eines Sherry gleicht dem eines Schülers, der seinem Lehrer immer wieder beweisen muß, was in ihm steckt. Denn von der Añada über die Criadera bis zur Solera werden die Weine immer wieder verkostet und ihrer Entwicklung gemäß klassifiziert. Der Kellermeister übernimmt es, die Weine zu prüfen, zu beurteilen und in eine der vielen verschiedenen Klassen der Sherry-Familie einzuordnen. In den großen Bodegas mit mehreren zehntausend Fässern prüft er rund 200 Fässer täglich. Den ganzen Tag ist der Kellermeister damit beschäftigt, eine *Venencia* – einen zierlichen Stab an dessen Ende ein schmaler Becher befestigt ist – in ein Faß einzutauchen, hochzuziehen, den Inhalt in großem Bogen schwungvoll in ein Sherry-Glas zu füllen, den Inhalt gegen das Licht zu halten, an ihm zu schnuppern und wieder in das Faß zu schütten. Nach seinem Urteil und seiner Note wird der Wein als *Fino* bzw. *Manzanilla, Amontillado, Oloroso* oder als eine ihrer Zwischenformen eingestuft.

Wer ist wer unter den Sherrys?

F*inos* und *Manzanillas* reifen mindestens drei Jahre unter dem Flor und können bis zu 14 Criaderas durchlaufen. Wenn der Flor aus natürlichen Gründen abstirbt oder der Wein mit Weinalkohol versetzt wird, dunkelt der ursprünglich als Fino bzw. Manzanilla gereifte Wein. Er nimmt dann einen etwas nussigen Geschmack an, behält aber einen frischen Duft, der die Herkunft unter dem Flor verrät. Diese Weine werden zunächst als *Finos Amontillados* bezeichnet und gehen später, bei längerer Reifung, in *Amontillados* über. Die *Manzanillas* entwickeln sich ebenso, heißen aber *Manzanilla Pasada* und später dann ebenfalls *Amontillado.* Die Weine haben ihr Eigenleben und so kann es in seltenen Fällen vorkommen, daß sich unter günstigen Umständen die *Amontillados* noch einmal verändern. Sie nehmen im Faß das reife Bukett eines Oloroso an, behalten aber den reinen Duft eines Amontillado. Diese Weine heißen *Palo Cortado* und sind nur relativ selten auf dem Markt erhältlich.

Die Kellermeister kennzeichnen die verschiedenen Aromen und Düfte ihrer Weine mit Kreidezeichen auf den Fässern. Neben den Markierungen über die Anzahl der Fässer in einer Criadera und Zeichen für die *Finos* und *Olorosos* kommen dann noch stilisierte Palmen mit einem, zwei oder drei Wedeln hinzu. Die *Palo Cortados* werden mit einem durchkreuzten Balkenstrich gekennzeichnet.
Sherry bildet eine große Familie verschiedener Weine, die dennoch alle aus derselben Traube *Palomino Fino* gewonnen wurden. Ausgenommen davon sind natürlich die Süßweine *Pedro Ximénez* und *Moscatel.* Jeder Typ Sherry bildet schon je nach Herkunft der Trauben, Lage der Bodega, Güte der Solera und Kunst des Kellermeisters eine ganze Bandbreite an Geschmacksrichtungen aus. Und es gibt so viele Sherry-Typen, daß Weinkenner und Liebhaber in Andalusien auf ihren Geschmack kommen.
Die reinen Sherrys (*Fino, Manzanilla, Amontillado, Oloroso*) sind ein wahrer Genuß. Hinzukommen die seltenen *Fino Amontillados, Amontillado Finos, Manzanillas Pasadas* und der *Puerto Fino,* der in Puerto de Santa María reift. In Andalusien ist diese Palette an Weinen nicht überall zu bekommen. Gute Restaurants und Bars haben selbstverständlich einen reichhaltig sortierten Weinkeller. Auch bieten die altertümlichen und urigen Delikatessengeschäfte in allen spanischen Städten und große Supermärkte ein breites Sortiment an Sherrys an. Doch je weiter sich der Wein von seinem Ursprung entfernt, desto einseitiger wird das Angebot. Der Sherry-Liebhaber wird in den nordeuropäischen Ländern in guten Weinhandlungen und den hervorragenden Lebensmittelabteilungen mancher Kaufhäuser fündig werden.

Aus den reinen Weinen, die geschmacklich schon reichhaltig genug sind, haben die Kellereien in den vergangenen 150 Jahren Mischformen für den Export entwickelt. Bis auf wenige Ausnahmen – wie zum Beispiel den *Oloroso dulce* oder den *Rich Cream* – werden sie alle im Ausland verkauft. Vor allem die auf Massenverkauf außerhalb Spaniens ausgerichteten, industriell arbeitenden Bodegas haben die drei generellen Geschmacksrichtungen *»Dry«, »Medium«* und *»Cream«* kultiviert. Diese Vereinfachung eines Universums an geschmacklichen Nuancen ist in erster Linie auf den Geschmack einer breiten Masse in den Hauptabnehmerländern Nordeuropas zurückzuführen.
So ist ein *Oloroso* in Deutschland meist nur als süßer Wein bekannt. Durch Zugabe von *Pedro Ximénez* wird aus dem ehemals trockenen Wein ein *Cream-Sherry.*

Lagerung und Klärung des Sherry

Sherry-Weine fühlen sich am wohlsten im Faß. Deswegen füllen die Bodegas – ob Manufaktur oder Industriebetrieb – nur auf Bestellung in Flaschen ab. Bevor die Weine jedoch auf Flaschen gezogen werden können, müssen sie gefiltert werden. Der Flor und die anderen natürlichen Schwebteile haben im Wein Unklarheiten hinterlassen, die nicht in die Flasche

gehören. Einige Bodegas filtern noch wie seit Jahrhunderten mit Eiweiß, doch die meisten klären den Wein mit Mineralien und Gelatine. Die Masse wird dafür auf den Wein gelegt, der für den Mischprozeß bereits in einen Edelstahltank gefüllt wurde. Innerhalb von einigen Tagen sinkt die Gelatinemasse zu Boden und zieht die Schwebteilchen mit sich. Vom Boden des Tanks kann sie dann leicht entfernt werden.

Die Weine werden nun noch je nach Typ mit Weinalkohol versetzt, bis die gewünschte Prozentzahl erreicht ist. Diese richtet sich zum großen Teil nach den Erwartungen und Bestimmungen des Abnehmerlandes. Dieses sogenannte Aufspriten hat historische Wurzeln und kommt aus der Zeit, da die Weine aus Jerez noch nicht so rein und sauber waren wie heutzutage. Die Kellereien mußten ihren Weinen in früheren Zeiten Alkohol zufügen, damit

Oben: Ein Blick in eine große Bodega

die Weine den Transport überstanden und nicht als ungenießbare Flüssigkeit in Amerika, England oder Argentinien ankamen. Echte *Oloroso*- und *Amontillado*-Weine bedürfen vor dem Abfüllen keiner alkoholischen Aufrüstung. Da sie jahrelang, manchmal über Jahrzehnte, in Fässern gereift sind, konnte Wasser durch die Poren des Holzes verdunsten. Der Alkoholgehalt ist so auf natürliche Weise über die Jahre angestiegen.

Aber ob vereinfacht oder nicht – die Weine aus der Region Jerez sind qualitativ hochwertige Weine. Denn ob sie gemischt oder rein, günstig oder teuer verkauft werden, haben sie doch alle das Criadera-Solera-System durchlaufen und sind mindestens drei Jahre in einem Faß aus Eichenholz gereift. Ein Kellermeister muß mit den verschnittenen Sherrys genauso sorgfältig umgehen wie mit den reinen. Schließlich erwarten Sherry-Trinker weltweit den Geschmack, den sie von dem Namen auf dem Etikett gewohnt sind.

Stilvolles Ambiente lädt zum kultivierten Sherry-Genuß ein

In der untersten Reihe lagern die Olorosos. Prominente und Freunde der Bodega haben sich mit Kreide auf den Fässern verewigt

EINEN WIRKLICHEN EINDRUCK ANDALUSISCHER LEBENSART GEWINNT MAN ERST DURCH DEN GENUSS DER EINHEIMISCHEN KÜCHE. ZU JEDEM DER GERICHTE PASST SELBSTVERSTÄNDLICH EINER DER VIELFÄLTIGEN SHERRYS DER GEGEND. ABER AUCH ZU HAUSE MUSS NIEMAND AUF ANDALUSISCHES SAVOIR VIVRE VERZICHTEN.

RESTAURANTS UND BARS

In einer Region, die mit so exquisiten Weinen gesegnet ist, wird selbstverständlich auch mit ihnen gekocht. Die hellen Finos oder Manzanillas verfeinern Suppen, Fischgerichte und die Soßen für Meerestiere. Mit den dunkleren und kräftigeren *Amontillados* oder *Olorosos* runden die Köche in der Region um Jerez Wild, Geflügel und Fleisch ab. Und mit den süßen, nach Rosinen schmeckenden *Pedro Ximénez* Weinen oder *Olorosos* fertigen sie Cremes, Mousse und köstliche Eiscremes. *Der Wein ist in der Küche immer bei der Hand,* sagt ein Koch.

Und in der Tat finden sich in den Küchen der Luxusrestaurants sowie in den Tapas-Bars alle Sherry-Sorten der besten Bodegas. Denn ebenso wie die Jerezaner Köche nur frischen Fisch, knackiges Gemüse und gut abgehangenes Fleisch verwenden, kochen sie nur mit den besten Weinen. Nur sie haben den vollen Körper, geben ihr sattes Aroma an das Essen ab und säuern es nicht nur, wie die billigen Weine. Von ihnen bleiben – nachdem Wasser und Alkohol verdunstet sind – kaum Geschmackstoffe nach. Denn im Essen verbleiben schließlich nur die Säuren, Zucker, Mineralien, Vitamine und das Tannin. Da zum Kochen verwendete Weine auch nur in kleinen Mengen zugegeben werden, sparen die Köche nicht am Sherry. Schlechte Zutaten haben noch kein Essen je verfeinert.

Die Küche des südwestlichen Andalusiens lebt von den Produkten der Region. Olivenöl, Knoblauch und Wein sind die Grundbestandteile fast jeden Gerichts. Hinzu kommen die Gemüsesorten der Saison: Tomaten, Paprika, Artischocken, Bohnen, Sellerie, Mangold, Spinat, wilder Spargel, Pilze. Auch Käse

fehlt auf keiner Speisekarte und Zutatenliste. Der bekannteste spanische Käse ist der *Manchego*, ein Hartkäse, der aus Schafmilch hergestellt wird. Er kommt ursprünglich aus La Mancha. Sein Erkennungszeichen sind die ihm aufgeprägten wellenförmigen Muster. Die Andalusier produzieren ihre eigenen Varianten dieses Käses, wie den sehr festen *Grazalema* aus Cádiz und die mit pflanzlichem Lab hergestellten Sorten *Los Pedroches* und *Serena* aus Córdoba. Eine andalusische Spezialität aber sind die Ziegenkäse wie der *Los Ibores*, der *Tietar* oder der *La Breña*. An der langen und immer noch artenreichen Atlantikküste kommen von gebackenen Sardellen über Seezungen und Goldbrassen bis zum Katzenhai Fische jeder Größe und Art auf den Tisch. Krabben, Langusten, Muscheln oder Hummer fehlen bei keinem vollständigen und sich über Stunden hinziehenden Menü. Auch gebratene Tintenfische, Strandschnecken und Garnelen regen in geringen Portionen den Appetit vor dem Hauptgericht an, zu dem häufig ein kalter *Fino* oder eine leichte *Manzanilla* getrunken wird.

Wenige Kilometer von der Küste entfernt bereichern zudem Geflügel, Wild, Rind und Schwein die Speisenfolge. Im Landesinneren gibt es kaum ein eßbares Tier, mit dem die genußfreudigen Andalusier nicht mindestens ein Gericht zu kochen wüßten. Wildlebende Fasane und Rebhühner, Kaninchen und Wildschwein, Truthahn, Lamm, Huhn und natürlich das Rind gehören auf die Speisekarte jedes guten Restaurants.

Prominent ist das »*Cerdo iberico*«, das schwarze Schwein. Auf den weiten und menschenleeren Landstrichen in der nahen Sierra de Aracena, nahe der Extremadura, werden die Schweine auf den saftigen Wiesen unter den Steineichen im Freien gehalten. Dort finden sie Kräuter, Wurzeln, Getier und vor allem die Eicheln der spanischen Steineiche, deren Wälder das sanfthügelige Gebirge durchziehen.

Diese einzigartige Diät gibt dem Fleisch einen herzhaft-saftigen Geschmack, der nicht nur zahlreichen Gerichten zugute kommt. Das iberische Schwein liefert auch die wohlschmeckendsten und berühmten Schinken Spaniens. In der würzigen und reinen Luft der Sierra de Aracena, zwischen Huelva, Sevilla und Portugal gelegen, reifen die luftgetrockneten Schinken in dem kleinen Ort *Jabugo* zu einer beliebten Delikatesse heran. In keinem Lokal in Jerez, Sanlúcar, Cádiz oder Arcos, das etwas auf sich hält, fehlt der Schinken aus Jabugo. Erkennbar an der schwarzen Klaue, ist der Schinken in den Bars und Restaurants in eine spezielle Halterung eingespannt. Dort wird er immer frisch abgeschnitten und ist in feinen, schmalen Scheiben eine beliebte und exquisite Tapa zu einem Glas trockenen Sherry.

Tapas haben mittlerweile ihren Siegeszug durch Europa angetreten. Aber nur die Andalusier verfügen über den Einfallsreichtum und die Vielfältigkeit der

Oben: Serrano-Schinken ist eine Delikatesse
Rechts: Die berühmten schwarzen Schweine aus Jabugo liefern das exquisite Fleisch für den Schinken

kleinen Köstlichkeiten, die ein ganzes Mahl ausmachen können. *Eine Tapa ist die Demokratisierung des Luxus*, sagt Domingo Valenciano, andalusischer Gourmet und Restaurantkritiker. Denn ob Herzogin oder Landarbeiter, Angestellte oder Unternehmer – den delikaten Geschmack einer frischen Garnele aus Sanlúcar können sich alle leisten. Die einen freilich werden einen prallen Teller davon verspeisen, die anderen nur zwei oder drei Stück. Der Genuß jedoch ist unteilbar. Dabei kann es durchaus vorkommen, daß sie an derselben Theke lehnen. Die besten und frischesten Meerestiere werden in Andalusien nicht unbedingt nur an weißgedeckten Tischen serviert, sondern ebenso an den hölzernen Tresen in den Fischerkneipen am Hafen.

Eine Tapa kann aus allem zubereitet werden, was die Küche hergibt. Sie kann gleichermaßen aus Oliven wie aus Entenbrust mit Himbeersauce oder einem Stück mariniertem Hundshai bestehen. Wörtlich übersetzt heißt *»tapa«* nichts anderes als Deckel und der Ursprung dieser Bezeichnung liegt wie bei so vielen anderen Genüssen im Dunkeln. Die einen behaupten, daß in früheren Zeiten ein Stück Brot das in der Bar getrunkene Glas Wein abdeckte und so vor Fliegen schützte. Andere meinen zu wissen, daß die zum Wein gereichte Kleinigkeit den nüchternen Magen abdecken und so den Trinker vor den unerwünschten Folgen des Alkoholgenusses bewahren sollte.

elchem Umstand auch immer Tapas ihren Ursprung verdanken, haben sie sich in den vergangenen Jahrzehnten zu einer aus der südwestlichen Küche Andalusiens nicht mehr wegzudenkenden Mahlzeit entwickelt. *In Sevilla no se come, se tapea* – In Sevilla speist man nicht, sondern man ißt Tapas – heißt ein spanisches Sprichwort, das seine Berechtigung auch zwischen Jerez und Cádiz findet, obwohl es in allen Städten erstklassige Restaurants gibt, die komplette Menus anbieten. Aber in den heißen Mittagsstunden der Sommermonate bekommen kleine Portionen Körper und Geist besser, und das große Menü läßt sich nachts angenehmer bewältigen. Und wer schon am Nachmittag zwei oder drei Stunden in den kühlen Innenhöfen geschlemmt hat, wird abends gern auf Tapas zurückgreifen und den mit einem Glas *Fino* oder trockenem *Oloroso* wieder aufkeimenden Appetit zügeln.

Und welcher Andalusier ißt nicht gern eine Kleinigkeit zwischendurch? Tapas sind ein fester Bestandteil des Tagesablaufs und man möchte meinen, daß sie ihn geradezu gliedern. Mit einer Tapa läßt sich zum Beispiel der erste Hunger nach dem kargen spanischen Frühstück besänftigen. Ab 12.00 Uhr mittags haben die Bars ihre gläsernen Auslagen auf den Tresen beheizt, die eingelegten Sardellen präpariert und die Messer gewetzt. An der Theke besprechen spanische Geschäftsleute mit Vorliebe die Marktstrategie des Konkurrenten und was sie dagegen zu tun gedenken. Angestellte haben bei Tapas und einem Glas Sherry genug Abstand,

Oben: Oliven gedeihen in dem südlichen Klima prächtig, sie sind im gesamten Mittelmeerraum verbreitet
Rechts: Die Olivenhaine um Jaen sind das größte Olivenanbaugebiet der Welt

den Jahresplan des Vorgesetzten zu diskutieren, Beamte regen sich über die letzte Budgetkürzung auf, und Tapas und Sherry beflügeln Universitätsdozenten vor der Vorlesung. Das Mittagessen ist schließlich noch lange hin und wird von Spaniern nicht vor 15.00 Uhr eingenommen.

Den Abschluß jeden Essens bilden Süßspeisen oder mindestens ein Café und ein Glas Brandy oder *Pedro Ximénez*. Der süße Wein ist auch einer der Hauptbestandteile vieler Desserts und gibt Puddings, Flans und Eiscremes den nachhaltigen und tiefen Geschmack. Die andere Grundsubstanz dieser Kalorienbomben ist Eigelb, dessen häufige Verwendung in Andalusien indirekt ebenfalls mit der Weinherstellung zusammenhängt. Die Bodegas brauchten in früheren Zeiten jedes Jahr einige Tausend Eiweiß, um ihre Weine zu klären. Das Eigelb verschenkten die Kellereien an Nonnen, die daraus Süßspeisen herstellten und verkauften. Im Namen einiger dieser Leckereien spiegelt sich noch heute die klösterliche Vergangenheit wider: *Tocino de Cielo* – Himmelsspeck – heißt ein Flan, der, mit einem *Oloroso Dulce*, ein Mahl würdig beendet.

Dank dem alten Reichtum und dem neuen Wohlstand in Andalusien, haben in den vergangenen Jahren einige ausgezeichnete Restaurants eröffnet und ihre Klientel gefunden. Hatte die andalusische Küche bislang lediglich mit der kalten, wenngleich köstlichen Gemüsesuppe *Gazpacho* zum internationalen Speiseplan beigetragen, werden die Köche des »Neuen Spaniens« bald auch im Ausland die Anerkennung finden, die ihnen gebührt.

Bevor sie sich selbständig gemacht haben, sind die neuen spanischen Köche meist einige Jahre durch die Welt gereist. Sie wurden in den Küchen renommierter Restaurants und Hotels ausgebildet und haben von dort die Raffinesse der modernen Kochkunst mitgebracht. Natürlich kommen die Köche der neuen spanischen Küche nicht an den Errungenschaften ihrer französischen Kollegen vorbei. Aber sie wissen die Moderne mit der Tradition ihrer andalusisch-arabischen Kultur und den Früchten ihrer Heimat zu verbinden und so einen eigenen Stil zu kreieren.

Unten: Die versilberte Türklinke an einem Bürgerhaus in Cádiz zeigt, daß der Fischfang den Hausbewohnern Reichtum gebracht hat
Rechts: Fischer im Hafen »Bonanza« bei Sanlúcar de Barrameda beim Einholen des Fangs
Nächste Doppelseite: Sonnenuntergang an der Mündung des Guadalquivir in den Atlantik

BARCAS CRISTOBAL NEGRONA

JEREZ DE LA FRONTERA

Bar Juanito Faustino

Ab Mittag steht Juanito Faustino meistens hinter dem kleinen Tresen direkt neben der Tür. Mit einem freundlichen Lachen begrüßt er von dort seine Gäste, die aus der schmalen Gasse die drei Stufen zu seiner Bar heraufsteigen. Die Geschäftsleute und Politiker, die Angestellten der Banken und Bodegas schätzen Faustinos schmale Bar, um in der Mittagspause Tapas und natürlich ein Glas Fino ihrer Lieblingsmarke zu sich zu nehmen. Denn Faustino hat ein umfangreiches Sortiment an Weinen, zu dem selbst Marken wie *El Maestro Sierra* gehören. Der Sherry kommt aus einer der letzten kleinen Bodegas in den Gassen der Altstadt von Jerez, in denen die Produktion vom Filtern mit Eiweiß bis zum Aufkleben des Etiketts noch von Hand bewältigt wird.

An den Wänden drängen sich kleine Ölgemälde zwischen die Kachelbilder. Juanito Faustino beim Kochen, Faustino mit Lorbeerkranz, die heilige Madonna von Rocío und Stiere in allen Farben umrahmen gekachelte Ansichten der Bodega Los Apóstoles und alte Werbungen für Finos. Und unübersehbar, dem trinkenden Gast an der langen Theke immer vor Augen, prangt ein Foto von Faustinos Vater, wie er eine *Copita de Oloroso* oder vielleicht einen *Amontillado* einschenkt. Er war es, der 1943 die erste Bar Juanito Faustino in Jerez eröffnete. Damals lag sie noch neben dem Rathaus, und erst 1982 hat Faustino der Jüngere die heute stark frequentierte Bar in der Pescadería Vieja eingerichtet.

Juanito Faustino ist der Geist und die Seele seiner Bar. Sie ist in Jerez ein Geheimtip für alle Tapas-Fans und Sherry-Genießer, und viele kommen hauptsächlich wegen dem »Tapas-König Juanito«

Kein Besucher von Faustino wird die Bar verlassen, ohne seine nach Geheimrezept marinierten Artischockenherzen probiert zu haben. Zweimal schon ist er dafür mit dem Nationalpreis für die beste Tapa ausgezeichnet worden. *Die Leute sind verrückt danach*, sagt Faustino. Früher hat er Artischocken natürlich nur in der Saison zwischen Dezember und April zubereitet. *Jetzt muß ich sie aus Murcía, Granada oder Almeria holen*, sagt Faustino und holt mit seinen fleischigen Händen weit aus. Das ganze Jahr über wollen die Gäste *alcachofas* essen. Mehr Zugeständnisse macht er aber nicht an die ihm manchmal seltsam erscheinenden Wünsche seiner Gäste. Jeden Morgen wählt er in der Markthalle selbst die Tomaten und Langusten, das Fleisch und die Paprikas für seine köstlichen Tapas aus.

Juanito Faustino und seine Frau Carmen kochen selbst die rund 30 verschiedenen Tapas in der winzigen Küche hinter der Bar. *Den Wein habe ich dabei immer zur Hand*, sagt Faustino, der selbst zu seinen besten Essern zählt, wie Carmen in einer ruhigen Minute gesteht.

Wer sich nicht zwischen Fleischklößchen in Oloroso-Soße, Nudeln mit Gambas und gebackenem Haifisch entscheiden kann, den winkt Carmen kurzerhand in die Küche. Überhaupt kommen Besucher, denen es vorne in der Bar zu eng ist, nicht an der Küche vorbei. Durch sie gelangen sie in den kühlen Innenhof.

Unter weißen Sonnensegeln läßt sich hier in Ruhe speisen und reden. Der heiße Nachmittag vergeht und läßt sich bei Juanito Faustino zu guter Letzt auf eine angenehme Art versüßen. Denn er ist ein Meister süßer Tapas. In mundgerechte Stücke geschnitten, serviert Faustino hausgemachte Flans, Puddings, Mandeltörtchen und Nougat. *Und wie wäre es dazu mit einem Gläschen Pedro Ximénez?*, fragt Faustino, dessen Augen leuchten vor Vergnügen über das Kombinieren der Leckereien seines Hauses.

Adresse:
Bar Juanito Faustino
Jerez de la Frontera
Pescadería Vieja 8-10
(durch den ersten Torbogen an der Plaza Arenal)
Tel.: 956 - 33 48 38

La Mesa Redonda

Ein Paravent mit Entenmotiven schirmt die Gäste in der Mesa Redonda vom Eingang ab. Gegenüber, hinter einem Schreibtisch aus dem 19. Jahrhundert, nimmt Margarita de Carrizosa, die Dame des Hauses, die Tischwünsche der Neuangekommenen entgegen. Sollte gerade kein Platz frei sein oder die Herrschaften wünschen noch einen Aperitif in ungezwungener Haltung, dann bittet sie aufs Sofa, gleich gegenüber der Glasvitrine und der Seeschlacht in Öl. *Wir hatten so viele alte Möbel zu Hause, daß wir welche ins Restaurant gebracht haben, um ihm den gewünschten Rahmen zu geben,* erzählt José Antonio Valdespino mit locker übereinandergeschlagenen Beinen auf einer mindestens 200 Jahre alten Bank sitzend. Mit seiner Frau betreibt er seit zwölf Jahren die Mesa Redonda im noblen Teil der Stadt Jerez.

José Antonio Valdespino kocht nur, was er selbst eingekauft hat. Dabei versucht er stets, die traditionellen Gemüse, Kräuter, Fleisch- und Fischsorten der Saison modern zu variieren. *Jerez ist eine kleine Stadt,* sagt er, *da muß ich mir was einfallen lassen, um die Gäste zu halten.* Zu Hilfe kommt ihm dabei seine Leidenschaft für Kochbücher der vergangenen Jahrhunderte. In dem verglasten Bücherschrank in der Mesa Redonda bewahrt er neben Bildbänden und Kochbüchern aus aller Welt über 50 handgeschriebene Rezeptbücher aus den Häusern der Jerezaner Oberschicht aus den vergangenen 200 Jahren auf. Und dort, zwischen den Kladden, den handgeschöpften Papieren und den bemalten Pappeinbänden hat Valdespino auch die Kopie eines Kochbuchs vom Hofe des Kalifen von Córdoba aus dem 13. Jahrhundert. *Was wäre unsere Küche ohne die Araber?,* fragt er. *Sie haben uns gelehrt, zu kochen.* Überhaupt wäre die Küche von Jerez ohne das Amalgam der Völker in der Stadt unvorstellbar. Die römischen Legionäre erfanden in ihren kargen Unterkünften die kalte Suppe aus Olivenöl, Wasser, Knoblauch und Gemüse, die später *Gazpacho* genannt wurde. Die Araber brachten nicht nur die Pflanzen und Gewürze aus ihrer Heimat mit, sondern lehrten die Spanier auch die Raffinesse, sie zu verwenden. Die aus Armut in der Wildnis sammelnden Gitanos zeigten den Andalusiern, daß der wilde Spargel aus den Hainen köstlich schmeckt und daß das Grünzeug am Wegesrand Rosmarin und Oregano ist. Die englischen und holländischen Kaufleute schließlich brachten im 18. Jahrhundert *»die Kultur des Weins in der Küche zu uns«.* José Antonio Valdespino weiß die Geschichte und Kultur seiner Stadt kulinarisch in den Geschmack des ausgehenden 20. Jahrhunderts umzusetzen. Und während der Gast bei einem Glas Sherry, der denselben Namen trägt wie der Herr des Hauses, auf Wildschweinfilet in Sherry-Sauce wartet, umsorgt ihn Señora de Carrizosa auf das Beste.

Adresse:
La Mesa Redonda
Jerez de la Frontera
Calle Manuel de la Quintana 3
Tel.: 956 - 34 00 69

Margarita de Carrizosa (links) die Dame des Hauses mit dem Inhaber und Koch José Antonio Valdespino (rechts) von La Mesa Redonda

WILDSCHWEIN IN SHERRY-SAUCE

FÜR 4 PERSONEN
1,5 kg Wildschweinfilet
350 g Zwiebeln
100 ml Olivenöl
150 ml Cream Sherry (Oloroso dulce)
150 ml Pedro Ximénez
150 ml Wildfond (Fertigprodukt)
Salz • Pfeffer

Das Wildschweinfilet in Medaillons von etwa 60 g schneiden. Die Zwiebeln schälen und fein schneiden. Die Hälfte des Öls in einen Topf geben, erhitzen und die Zwiebeln darin unter ständigem Rühren goldbraun braten.

Die beiden Sherrysorten hinzufügen und den Sud bei mittlerer Hitze auf die Hälfte einkochen lassen. Den Wildfond angießen und die Flüssigkeit nochmals einkochen lassen, bis die gewünschte Konsistenz erreicht ist. Mit Salz und Pfeffer abschmecken. Die Sauce warm halten.

Das restliche Öl in einer Pfanne stark erhitzen. Die Wildschweinmedaillons darin auf jeder Seite etwa 3 Minuten braten. Salzen und pfeffern. Anschließend auf vorgewärmte Teller legen und jeweils mit Sauce überziehen.

DORADENFILETS IN FINOSAUCE

FÜR 4 PERSONEN
4 küchenfertige Doraden (Brassenfische) à 250 g
150 g Zwiebeln
1/2 grüne Paprikaschote
50 g Knoblauch • 50 ml Olivenöl
2 EL Mehl
100 ml trockener, weißer Sherry (Fino)
Salz • Pfeffer
12 große Venusmuscheln
12 große Garnelen
gehackte Petersilie zum Garnieren

Die Doraden waschen und jeweils die Filets heraustrennen. Die Zwiebeln schälen und fein hacken, die Paprikaschote putzen, waschen und würfeln. Die Fischreste (Kopf, Gräten, Flossen), die Zwiebeln und die Paprikawürfel in einen Topf geben. 750 ml Wasser angießen, das Ganze erhitzen und etwa 15 Minuten kochen lassen. Dann abseihen.

Den Knoblauch abziehen und so fein wie möglich hacken. In einem Topf das Öl erhitzen, den Knoblauch darin andünsten bis er weich ist, aber noch keine Farbe angenommen hat. Das Mehl hinzufügen, gut vermischen und den Sherry unterrühren. Kurz einkochen lassen. Nach und nach den Fischfond unterrühren. Mit Salz und Pfeffer abschmecken.

Muscheln und Garnelen waschen. Die Muscheln in die Sauce geben. Sobald diese sich öffnen, die Doradenfilets und die Garnelen hinzugeben. Das Ganze etwa 10 Minuten köcheln lassen, bis der Fisch gar ist. Mit Salz abschmecken und die gehackte Petersilie darüber streuen.

MANDEL-GAZPACHO

FÜR 4 PERSONEN
500 g Weißbrot
200 g geschälte Mandeln
50 g Knoblauch
200 ml Olivenöl
50 ml Sherry-Essig
Salz

Das Brot von der Rinde befreien und in ausreichend Wasser einweichen. Die Mandeln in der Küchenmaschine zu Pulver mahlen. Den Knoblauch abziehen und durchpressen. Zusammen mit Olivenöl und Essig zum Mandelpulver geben. So lange rühren, bis eine weiche und homogene Masse entstanden ist.

Das Brot ausdrücken und zur Mandelpaste geben. Das Ganze vermengen und so viel Wasser unterrühren, bis der Gazpacho leicht flüssig ist. Mit Salz abschmecken. Damit die Suppe noch cremiger wird, kann man ein rohes Ei unterrühren.

ANDALUSISCHER GAZPACHO

FÜR 4 PERSONEN
50 g Weißbrot ohne Rinde
100 g Zwiebeln
2 Knoblauchzehen
1 kg vollreife Tomaten
100 g grüne Paprikaschoten
150 ml Olivenöl
50 ml Sherry-Essig
Salz
eisgekühltes Wasser
nach Belieben geröstete Weißbrotwürfel und
1 hartgekochtes Ei zum Garnieren

Weißbrot in Wasser einweichen. Zwiebeln und Knoblauch schälen, Zwiebeln würfeln. Brot ausdrücken, zusammen mit Zwiebeln und Knoblauch im Mixer fein pürieren.

Tomaten über Kreuz einritzen, heiß überbrühen, enthäuten, vom Stielansatz befreien, entkernen und das Fruchtfleisch würfeln. Paprikaschote waschen, putzen und ebenfalls würfeln. Beides zur Brotmasse geben und das Ganze pürieren.

In eine Schüssel umfüllen und Öl sowie Essig gründlich unterrühren. Mit Salz abschmecken. Den Gazpacho über Nacht kühl stellen. Vor dem Servieren mit eisgekühltem Wasser zur gewünschten Konsistenz verdünnen. Nach Belieben mit Weißbrotwürfeln und kleingehacktem, harten Ei garnieren.

Bodega La Andana

Leidenschaft hat Manuel Valencia Lazo in die Küche getrieben. Kurz nachdem er 1980 als Kellner in der Bodega La Andana angefangen hatte, begann er den wechselnden Köchen ins Essen zu reden. Der junge Mann sprühte vor Ideen und begann alsbald selbst zu kochen, nachdem die eigens dafür Angeheuerten es mit ihm nicht aushielten. *Noch heute gehe ich manchmal am Sonntag nachmittag in die Küche, um ein Rezept auszuprobieren, das mir eingefallen ist,* erzählt Manuel, der vor drei Jahren dem ehemaligen Besitzer das Lokal abgekauft hat. Sein Talent und seine Kreativität haben sich mittlerweile weit über Jerez hinaus herumgesprochen, und selbst aus Sevilla finden Gäste das kleine, aber sehr feine Restaurant im Neubauviertel von Jerez.

Fünf Tische passen vor die kurze Theke, an der hungrige Geschäftsleute mittags das erste Glas Sherry mit einigen Scheiben des besten Schinkens aus Jabugo einnehmen. Die Fässer dahinter beinhalten übrigens Weine aus einer der exquisitesten Bodegas der Stadt. Ihr Name darf nicht genannt werden, verdankt Manuel Valencia es doch einzig seinen guten Kontakten und seiner Diskretion, daß die Weinkellerei ihm ausnahmsweise den Wein in Kanistern liefert, was sie sonst weit von sich weisen würde.

Ich mache alles mit Herz, sagt Manuel, und so gibt es im La Andana keine Speisekarte, sondern jeden Tag die Gerichte, die die täglich auf dem Markt eingekauften Zutaten ergeben. Da die Küche nicht größer ist als eine Fahrstuhlkabine, ist auch kein Platz für eine Gefriertruhe. Allein den Gedanken an eine solche wischt Manuel mit einer energischen Handbewegung von der Theke. *Man merkt es dem Essen an, wenn es eingefroren war,* sagt er, die Mundwinkel nach unten verzogen. Die ausgezeichneten und phantasievoll dekorierten Desserts sind daher ebenfalls täglich frisch von Manuels Frau Pepi zubereitet. Und wenn dann noch ein Glas Sherry Cream aus Manuels reichhaltigem Angebot an Weinen den letzten Gang begleitet, und sich ein freudiges Leuchten in den Gesichtern seiner Gäste ausbreitet, weiß Manuel, daß er sein Ziel erreicht hat: zufriedene Gäste.

Adresse:
Bodega La Andana
Jerez de la Frontera
Parque de la Serrana, 5
(Plaza Manuel Rios Ruiz)
Tel.: 956 - 30 73 85

Manuel Valencia Lazo ist Koch aus Leidenschaft. Sein Talent und seine Kreativität haben sich mittlerweile weit über Jerez hinaus herumgesprochen

AVOCADOSALAT

FÜR 4 PERSONEN
2 reife Avocados
2 EL Sherry-Essig
4 EL Olivenöl
1 Msp. kleingehackte Chilischote
Salz • Pfeffer
100 g Manchego (span. Hartkäse aus Schafsmilch)
100 g Serrano (Wildschweinschinken) in Scheiben

Die Avocados halbieren, entkernen, schälen und das Fruchtfleisch in feine Scheiben schneiden. Die Scheiben auf 4 Teller verteilen.

Essig, Öl, Chilischote, Salz und Pfeffer verrühren und jede Portion gleichmäßig mit dem Dressing beträufeln. Den Käse in dünne Scheiben schneiden und auf den Avocadoscheiben verteilen. Jeweils Schinkenscheiben darauf anordnen.

THUNFISCH AUS DEM OFEN

FÜR 4 PERSONEN
4 Thunfischkoteletts à 200 g
5 Schalotten
2 Knoblauchzehen
4 vollreife Tomaten
50 ml Olivenöl
Salz • Pfeffer
100 ml trockener Sherry (Fino)
12 Venusmuscheln
Petersilie zum Garnieren

Die Thunfischkoteletts für 30 Minuten in kaltes Wasser legen. Inzwischen Schalotten und Knoblauch schälen. Schalotten ganz belassen, Knoblauch fein hacken. Tomaten über Kreuz einritzen, heiß überbrühen, enthäuten, vom Stielansatz befreien, entkernen und würfeln.

Backofen auf 180 °C vorheizen. Die Fischkoteletts trockentupfen. Das Öl in einer Kasserolle erhitzen. Den Fisch darin von beiden Seiten rasch anbraten, salzen und pfeffern. Schalotten und Knoblauch zufügen, kurz mitandünsten. Die Tomaten zugeben, das Ganze kräftig aufkochen lassen, dann mit Sherry ablöschen.

Die Kasserolle mit einem Deckel oder Alufolie verschließen und den Fisch im Ofen etwa 30 Minuten garen. 5 Minuten vor Ende der Garzeit die Muscheln waschen und dazugeben. Sobald sich die Muscheln geöffnet haben, alles zusammen servieren. Mit Petersilie garnieren.

STIERSCHWANZ IN KAROTTENSAUCE

FÜR 4–6 PERSONEN
1 kg Stierschwanz (ersatzweise Ochsenschwanz)
2 große Zwiebeln
1 kg Karotten
7 Knoblauchzehen
2 Scheiben Schinkenspeck
2 Stangen Sellerie
3 EL Olivenöl
375 ml dunkler, trockener Sherry (Oloroso)
etwas Brüheninstantpulver
2 Lorbeerblätter
Pfeffer • Salz

Den Stierschwanz in Stücke schneiden. Zwiebeln, Karotten sowie Knoblauch schälen und grob hacken. Sellerie putzen, waschen und kleinschneiden. Speck würfeln. Diese Zutaten im Öl in einem Topf kräftig andünsten und anschließend im Mixer zerkleinern.

Wieder in den Topf geben. 1 Liter Wasser, den Oloroso und das Instantpulver hinzufügen. Lorbeer und Fleischstücke hinzugeben. Das Ganze bei mittlerer Hitze zugedeckt etwa 1 Stunde köcheln lassen, bis sich das Fleisch vom Knochen löst. Mit Pfeffer und Salz abschmecken. Das Fleisch zusammen mit der Sauce servieren.

KARAMELCREME

FÜR 4 PERSONEN
300 ml Milch
200 ml Sahne
1 aufgeschlitzte Vanilleschote
1 Stück Zimtstange
5 frische Eigelbe
175 g Zucker
50 ml süßer Sherry (Oloroso)
etwas Butter für die Förmchen

Milch und Sahne zusammen mit Vanilleschote und Zimtstange in einem Topf aufkochen. Die Mischung vom Herd nehmen und 15 Minuten lang ziehen lassen. Dann Vanilleschote und Zimtstange entfernen.

Den Backofen auf 160 °C vorheizen. Die Eigelbe zusammen mit 100 g Zucker schaumig rühren. So lange rühren, bis sich der Zucker aufgelöst hat. Den Oloroso unterziehen. Die lauwarme Milch langsam mit einem Schneebesen unterrühren.

4 Förmchen mit Butter ausstreichen. Den restlichen Zucker zusammen mit etwas Wasser in einer Pfanne karamelisieren lassen. Den Karamel auf den Böden der Förmchen verteilen. Die Eiermilch durch ein Sieb in die Förmchen füllen.

Die Förmchen in ein lauwarmes Wasserbad stellen und die Creme im Ofen in etwa 25 Minuten stocken lassen. Vor dem Stürzen vollständig abkühlen lassen. Nach Belieben zusammen mit Vanillesauce servieren.

El Ábaco

Sorgt seit 10 Jahren für die exquisite Küche im El Ábaco: José Rosales. Für seine Leistungen wurde er bereits zweimal vom spanischen Gastronomie-Verband ausgezeichnet

Das Interieur im El Ábaco mag manchem Gast spanisch vorkommen, andalusisch ist es jedenfalls nicht. Das Grün saftiger Maiwiesen prangt von den Wänden, einzelne Aquarelle schmücken das dezent-elegante Restaurant. In einem der teuersten Hotels der Stadt untergebracht, lockt das El Ábaco nur Gäste, die von seiner guten Küche wissen. Denn fehlt dem Haus auch die persönliche Note eines anwesenden Besitzers, so wirkt doch in der Küche ein Mann, der sein Handwerk versteht. Chefkoch José Rosales verleiht den Gerichten einen eigenen, geschmackvollen Touch. Ausgebildet in den Küchen großer Hotels und Restaurants auf den kanarischen Inseln und in Großbritannien, in Galizien und Madrid, hat José Rosales das Wissen der neuen spanischen Küche mit nach Jerez gebracht. Seit zehn Jahren kreiert und kocht er im El Ábaco und hat insbesondere dem Sherry-Essig zu neuen Ehren verholfen. *Die Essige von Jerez sind sehr speziell, sie haben einen starken und einzigartigen Geschmack ohne zu sauer zu sein*, schwärmt José Rosales, der mit einem marinierten Lachs den ersten Preis der spanischen Essig-Hersteller gewonnen hat. Der Gastronomie-Verband hat ihn bereits zweimal ausgezeichnet.

Angefangen hat José Rosales wie so viele ausgezeichnete Köche Spaniens als Küchenjunge. Mit 14 Jahren stand er das erste Mal in einer Restaurant-Küche und wußte, daß er eines Tages die hohe weiße Kochmütze tragen wollte. Jetzt trägt er sie mit Würde und Bescheidenheit. *Wir sind international gesehen nichts Besonderes*, sagt José Rosales. Aber in Jerez ist seine *cocina de creación* – die schöpferische Küche – eine Seltenheit.

Adresse:
El Ábaco
Restaurant im Hotel Royal Sherry Park
Jerez de la Frontera
Avenida Alvaro Domecq 11
Tel.: 956 - 30 30 11

LACHSFILETS MIT MEERSALZKRUSTE UND KRÄUTERVINAIGRETTE

FÜR 4 PERSONEN

Für die Vinaigrette:

50 g junge dicke Bohnen • 80 g grüne Bohnen

Salz

2 EL Sherryessig • 6 EL Olivenöl

1 EL gehackte Petersilie • 1 EL gehackter Schnittlauch

1/2 TL gehackter Dill • 1/2 EL gehackter Thymian

1 gehäutete, entkernte Tomate, in kleine Würfel geschnitten

Außerdem:

4 Lachsfilets à 200 g mit Haut

4 EL Olivenöl

4 EL grobes Meersalz • Pfeffer

Die Vinaigrette 1 Tag vorher zubereiten, damit die Kräuter ihren Geschmack entfalten. Die Bohnensorten putzen und waschen, die grünen Bohnen kleinschneiden. Die Bohnen in Salzwasser bißfest garen, dann abgießen. Die dicken Bohnen schälen, zusammen mit den grünen Bohnen in eine Schüssel geben. Mit den übrigen Zutaten für die Vinaigrette vermischen.

Den Backofen auf 200 °C vorheizen. Die Lachsfilets waschen, trockentupfen, jeweils mit 1 Eßlöffel Öl beträufeln und mit der Haut nach oben in eine Kasserolle legen. Die Haut jeweils mit 1 Eßlöffel grobem Salz bedecken. Leicht pfeffern. Die Filets im Ofen etwa 4 Minuten garen. Kurz vor dem Servieren die Vinaigrette erwärmen, sie darf nicht kochen. Je 2 Eßlöffel der heißen Vinaigrette in die Mitte von 4 Tellern geben. Darauf die Filets plazieren. Jeweils die Haut mitsamt Salzkruste daneben legen. Mit der restlichen Vinaigrette übergießen.

ROTZUNGE MIT TOMATENVINAIGRETTE AUF GEMÜSEBETT

FÜR 4 PERSONEN

Für die Vinaigrette:

1 gehäutete, entkernte Tomate, in kleine Würfel geschnitten

200 ml Olivenöl • 4 EL Sherry-Essig

1 gehackte Knoblauchzehe

je 1 TL gehackter Estragon und gehackte Petersilie

Für das Gemüsebett:

1 große Tomate • 1/2 Zucchino

1 mittelgroße Kartoffel • 1 Zwiebel • 4 EL Olivenöl

je 1 EL gehackter Schnittlauch und gehackte Petersilie

Außerdem:

4 Rotzungen-Filets à 200 g

4 Orangenscheiben • 4 Zitronenscheiben

Salz • Pfeffer

Den Backofen auf 160 °C vorheizen. Die Tomate mit den übrigen Zutaten für die Vinaigrette gründlich vermischen. Für das Gemüsebett Tomate und Zucchino waschen, Kartoffel und Zwiebel schälen. Das Gemüse in feine Scheiben schneiden. Die Gemüsescheiben in 4 Portionen teilen und jede Portion stufenförmig angeordnet in eine Kasserolle legen. Mit Öl beträufeln und 15 Minuten lang im Ofen garen. Inzwischen die Fischfilets kalt abspülen, jeweils mit 1 Orangen- und 1 Zitronenscheibe belegen. Salzen und pfeffern. Jedes Filet in Alufolie wickeln und den Fisch über wenig Wasser in einem Dämpfeinsatz 7 Minuten lang garen. Das Gemüse vorsichtig aus der Kasserolle heben und auf Teller geben. Mit Schnittlauch und Petersilie bestreuen. Über jedes Gemüsebett ein Fischfilet legen. Die Teller kurz in den heißen Ofen stellen. Die Vinaigrette auf den Filets verteilen.

SCAMPI MIT BANDNUDELN UND BASILIKUMVINAIGRETTE

FÜR 4 PERSONEN

Für die Vinaigrette:

1 Bund Basilikum
100 ml Olivenöl • 2 EL Sherry-Essig
1 feingehackte Chilischote • Salz

Außerdem:

600 g Scampi (Kaisergranate)
50 g Butter • 5 EL Olivenöl • 1 gehackte Schalotte
75 ml Weißwein • 1 TL Brandy • 50 ml Gemüsebrühe
400 g dünne Bandnudeln

Für die Vinaigrette Basilikumblätter abzupfen, waschen und fein pürieren. Das Püree mit dem Öl vermischen und das Ganze etwa 6 Stunden ziehen lassen. Dann Essig, Chilischote und Salz nach Geschmack unterrühren.

Von den Scampi die Köpfe abdrehen und die Schalen entfernen. Köpfe und Schalen in einer Pfanne in je 2 Eßlöffeln Butter und Öl anschwitzen. Die Schalotte einrühren und andünsten. Mit Weißwein und Brandy ablöschen, den Alkohol auf die Hälfte einkochen lassen. Die Brühe angießen, den Sud nochmals einkochen lassen, dann abseihen und beiseite stellen. Die Nudeln in reichlich Salzwasser bißfest garen, dann abgießen, abtropfen lassen und warm stellen. Die Scampischwänze in der restlichen Butter und im restlichen Öl garen.

Die Nudeln mit einigen Eßlöffeln der Vinaigrette vermischen und auf großer Flamme kurz schwenken. Auf 4 Teller verteilen, jeweils einige Scampi darauf legen. Je eine Hälfte des Gerichtes mit Scampi-Sud übergießen, die andere Hälfte mit Vinaigrette beträufeln.

SEEHECHT UND VENUSMUSCHELN IN SHERRY-SAUCE

FÜR 4 PERSONEN

Für den Fond:

Köpfe und Gräten (Karkassen) von 4 Seehechten
1 Stange Lauch • 1 Karotte • 3 Frühlingszwiebeln
3 EL Butter • 100 ml trockener Sherry
1 Lorbeerblatt • Salz • Pfeffer

Für den Seehecht:

4 Seehechtfilets à 200 g • 3 EL Butter

Für die Muscheln:

200 g Venusmuscheln • 100 ml Olivenöl
1 Knoblauchzehe, in Scheiben geschnitten
1/2 feingehackte Chilischote • 50 ml trockener Sherry
100 ml Fleischbrühe • 1 EL gehackte Petersilie

Die Karkassen waschen. Lauch, Karotte und Frühlingszwiebeln putzen bzw. schälen, waschen und fein schneiden. Die Butter in einem Topf erhitzen und das Gemüse darin andünsten. Karkassen zufügen, kurz anrösten, dann mit Sherry ablöschen. Lorbeer zugeben und die Flüssigkeit auf zwei Drittel einkochen lassen. 100 ml kaltes Wasser angießen und das Ganze etwa 20 Minuten köcheln lassen. Mit Salz und Pfeffer würzen. Anschließend abseihen. Backofen auf 160 °C vorheizen. Eine Kasserolle mit 3 Eßlöffeln Butter ausstreichen. Die Fischfilets hineinlegen, mit dem Fond übergießen und im Ofen etwa 10 Minuten garen. Inzwischen die Muscheln gründlich abbürsten. Öl erhitzen und den Knoblauch darin anbraten. Muscheln und Chilischote zufügen, den Sherry angießen und das Ganze köcheln lassen, bis sich die Muscheln geöffnet haben. Brühe sowie Petersilie zugeben und alles nochmals 2 Minuten garen. Die Filets aus dem Fond nehmen und auf Teller geben. Jeweils einige Muscheln dazulegen. Mit der Muschelsauce übergießen.

El Bosque

Das Restaurant El Bosque macht seinem Namen alle Ehre. »Der Wald« heißt es wörtlich übersetzt, und tatsächlich liegt das efeuumrankte Haus hinter alten Bäumen versteckt inmitten eines kleinen Parks. Der Garten grenzt an das Gelände, auf dem einmal jährlich im Mai die berühmte *Feria de Caballo* stattfindet. Bei soviel Tradition in nächster Nachbarschaft wundert es nicht, daß El Bosque eines der traditionsreichsten Restaurants von Jerez ist.

Unübersehbar in den diversen Salons ist die Vorliebe der beiden Besitzer, Alfonso und Antonio Rodríguez, für den Stierkampf. Nachdenkliche Toreros vor dem Kampf, sich kleidende Matadores und schließlich Fotos von den kräftigen Kampfstieren auf den weiten Wiesen Andalusiens schmücken die Wände. Sie bleiben dennoch unaufdringlich in dem stilvollen Ambiente aus andalusischen Möbeln, weißen Klöppeldecken und dem altehrwürdigen Porzellan aus der Sevillaner Manufaktur La Cartuja. *Wir sind sehr jerezano*, sagt Sara Rodríguez, Tochter eines der Besitzer, über ihre Familie. Da kann es schon mal vorkommen, daß die junge Restaurantmanagerin einer Hochzeitsgesellschaft von 250 Personen solange die Vorzüge des Sherry erläutert, bis das Brautpaar einwilligt, nicht mit dem katalanischen Cava (Champagner) anzustoßen, sondern mit einem Glas *Pedro Ximénez*. Soviel Bewußtsein macht sich natürlich auch in der Küche bemerkbar. Die klassischen Rezepte des andalusischen Landadels leben im El Bosque weiter. Prominent sind daher die Fleisch- und Wildgerichte, die Saras Bruder mit vier weiteren Köchen zubereitet. Da das wahre V-Andalus nie ohne die arabische Vergangenheit auskommt, schwingt in den Namen der Gerichte und ihrer Zutaten ein Hauch von 1001 Nacht mit. Soviel Geschmack und Stil wissen die Weinkellereien von Jerez ebenfalls zu schätzen, die sich vom El Bosque bevorzugt Menüs für große Gesellschaften liefern lassen. Denn die Rodríguez-Familie versteht es, auch festliche Essen in ungewohnter Umgebung wie zwischen den Faßreihen in den Bodegas oder im familieneigenen Stierkampfmuseum auszurichten. *Es ist nun mal so – wir sind aficionados*, sagt Sara, die es nur bedauert, daß ihre Familie keine Zeit hat, selbst Stiere zu züchten.

Adresse:
Restaurante El Bosque
Jerez de la Frontera
Avenida Alvaro Domecq 26
Tel.: 956 - 31 20 20

Antonio Jesus Cala (links) ist einer der fünf Köche, die für die traditionsreichen Kulinaria im EL Bosque verantwortlich sind. Manuel Córdoba (rechts) ist Geschäftsführer des Restaurants

ENTE IN HONIGSAUCE

FÜR 6 PERSONEN

Für die Ente:

3 küchenfertige, junge Enten
Salz • Pfeffer
3 Zwiebeln • 2 Karotten
5 Tomaten
50 ml Olivenöl
4 EL trockener Sherry (Oloroso)
200 ml Sherry-Essig
60 g flüssiger Honig

Für die Kastanien:

400 g Eßkastanien
50 g weiche Butter • 60 g Zucker

Für die Birnen:

6 Birnen
3 Nelken • 1 Zimtstange

Den Backofen auf 190 °C vorheizen. Die Enten kalt abspülen, trockentupfen und jeweils vierteln. Die Bruststücke und Keulen salzen und pfeffern. Zwiebeln und Karotten schälen, die Tomaten waschen. Das Gemüse in mittelgroße Stücke schneiden und in eine Kasserolle legen. Darauf die Ententeile geben und alles gleichmäßig mit Öl beträufeln. Das Ganze in den Ofen geben und die Enten etwa 1 Stunde und 20 Minuten garen. Dabei ab und zu das Fett der Enten abschöpfen.

Dann das Fleisch herausnehmen und warm stellen. Das Gemüse in einen Topf geben und erhitzen. Den Sherry dazugeben und den Alkohol bei milder Hitze einkochen lassen. Danach das Gemüse pürieren.

Das Püree wieder in die Kasserolle geben und köcheln lassen. Essig sowie Honig hinzufügen und die Sauce mit Salz abschmecken. Die Ententeile hineingeben und darin erhitzen.

Den Ofen auf 220 °C einstellen. Die Kastanien schälen, rundherum mit Butter bestreichen und mit Zucker bestreuen. Auf ein Blech legen und kurz garen, bis sie weich sind.

Die Birnen schälen. 500 ml Wasser zusammen mit Nelken und Zimtstange zum Kochen bringen. Die Birnen darin etwa 5 Minuten garen. Dann herausnehmen und abtropfen lassen.

Die Ententeile auf vorgewärmten Tellern anrichten und mit Sauce überziehen. Jeweils 1 Birne und einige glasierte Kastanien dazugeben.

KALBFLEISCH MIT GRÜNEN PAPRIKASTREIFEN

FÜR 6 PERSONEN
1 kg Kalbfleisch aus der Schulter
3 große Zwiebeln
2 mittelgroße Stangen Lauch
3 Stangen Sellerie
2 Karotten • 2 Tomaten
1 Lorbeerblatt • 2 Zweige Thymian
5 EL Olivenöl
2 EL Mehl
300 ml trockener Sherry (Oloroso)
Salz • Pfeffer
1 große grüne Paprikaschote

Das Kalbfleisch in große Würfel schneiden. Die Zwiebeln schälen und fein hacken. Lauch und Sellerie putzen, waschen und in feine Ringe schneiden. Karotten schälen und würfeln. Tomaten waschen und ebenfalls würfeln.

4 Eßlöffel Öl in einem großen Topf erhitzen. Das Fleisch darin bei kräftiger Hitze rundum knusprig anbraten. Dann herausnehmen. Die Zwiebeln im Öl glasig werden lassen. Restliches Gemüse zufügen und andünsten. Das Mehl darüberstäuben. Fleischstücke, Sherry, Lorbeer sowie Thymian zugeben und das Ganze zugedeckt bei mittlerer Hitze etwa 15 Minuten köcheln lassen. Eventuell etwas Wasser angießen. Mit Salz und Pfeffer abschmecken. Das Fleisch herausnehmen, den Sud abseihen und zusammen mit dem Fleisch wieder in den Topf geben.

Die Paprikaschote putzen, waschen und in Streifen schneiden. Die Streifen im restlichen Olivenöl bißfest garen. Das Kalbfleisch zusammen mit Paprikastreifen servieren.

OLOROSO-EIS

FÜR 10 PERSONEN
1 Flasche dunkler, süßer Sherry (Oloroso dulce)
1 kg Zucker
10 frische Eigelbe
1 kg Sahne
4 – 6 Orangen
Zimtpulver zum Bestäuben

Den Oloroso in einem Topf zusammen mit dem Zucker unter Rühren erhitzen. Das Ganze bei milder Hitze langsam einkochen lassen. Dann vom Herd nehmen und abkühlen lassen.

Die Eigelbe schaumig schlagen. Die Sahne sehr steif schlagen, anschließend mit den Eigelben vermengen. Die Sherry-Zucker-Mischung mit einem Schneebesen gründlich unter die Eigelbsahne ziehen. Das Ganze in eine gefrierfähige Plastikschüssel füllen und im Tiefkühlgerät zugedeckt in etwa 6 Stunden zu Eis gefrieren lassen.

Die Orangen sorgfältig schälen und in Scheiben schneiden. Die Scheiben auf Tellern auslegen. Vom Eis mit einem Kugelportionierer (vorher in lauwarmes Wasser tauchen) große Kugeln abstechen. Je 1 Kugel auf die Orangenscheiben setzen und diese mit Zimtpulver bestäuben.

El Rincón de Paco

Wo *ist Paco?* ist eine der meistgestellten Fragen in dem Eck, das nach ihm benannt ist. Geschäftsleute wünschen ihn zu sprechen, Freunde möchten ihn besuchen, Vertreter wollen die neueste Errungenschaft für die moderne Bar vorführen. Paco ist in Huelva und kauft Schinken, heißt es dann, oder der legendäre Chef ist auf dem Fischmarkt in Sanlúcar, um die Ware für sein Restaurant auszuwählen. Vielleicht gönnt sich der Mann mit den straff nach hinten gekämmten und pomadisierten Haaren, den langen schwarzen Koteletten und dem dunklen Anzug auch nur eine *copita de fino* in einer anderen Bar.

Francisco Lechuga Barrera, wie alle Franciscos in Spanien einfach Paco genannt, ist die Verkörperung der andalusischen Erfolgsgeschichte. Mit 12 Jahren begann der Junge aus dem Dorf als Hilfskellner in einem Restaurant in Jerez. Als er 14 Jahre alt war, wechselte er das Fach und arbeitete in einer Drogerie. Nach zwei Jahren langweilte Paco sich jedoch in der vierstündigen Mittagspause und eröffnete im Untergeschoß eines Wohnhauses in der Vorstadt eine kleine Bar. *El Rincón de Paco* eben, Paco's Ecke. So eilte der junge Paco am Mittag in seine Bar, verkaufte Wein und Tapas, stand um 17.00 Uhr wieder im grauen Kittel in der Drogerie und öffnete nach Feierabend erneut die Bar. Das ging so einige Jahre, bis Paco sich vollends der Gastronomie widmete. Heute besitzt Francisco Lechuga neben der Bar noch vier stillgelegte und als Restaurants benutzte Bodegas und Landhäuser vor Jerez, in die sein florierender Catering-Service zu gegebenen Anlässen wie Hochzeiten oder Jubiläen mehrgängige Menüs für Gesellschaften zwischen vier und 900 Personen liefert.

Pacos Erfolg hat dem klassisch-andalusischen Stil des Rincón nicht geschadet. Weißgekalkte Wände, die typischen schwarzen Holzbohlen der Decke und die schwarzen Sherry-Fässer geben dem kleinen Restaurant einen schlichten Rahmen. Die Olorosos oder Amontillados aus den Fässern werden hier noch mit der Venencia, jenem zierlichen Silberbecher an der biegsamen Holzrute, schwungvoll ins Glas geschenkt. Wie jedes gute Restaurant lebt El Rincón von der Mund-zu-Mund-Propaganda. Und die funktioniert. Zu Paco kommen alle aus der Stadt hinüber, obwohl die Ecke schlecht zu finden ist. *Denn Paco kennt alle – die Politiker, die Musiker, die Weinkellereibesitzer und ihre Frauen und Freundinnen*, sagt Manuel Campo, Pacos Statthalter. Denn wo war Paco jetzt doch gleich wieder?

Adresse:
Bar Restaurante El Rincón de Paco
Jerez de la Frontera
Paseo de las Delicias 42
Tel.: 956 - 34 14 03

PAPRIKA IN SHERRY-ESSIG

FÜR 10 PERSONEN
1 kg rote Paprikaschoten
250 g Zwiebeln
150 ml Olivenöl
6 EL Sherry-Essig
Salz
gehackte Petersilie zum Bestreuen

Den Backofen auf 220 °C vorheizen. Die Paprikaschoten halbieren, entkernen, waschen und die Hälften tropfnaß auf ein Blech legen. Die Schoten im Ofen rösten, bis sich die Haut braun verfärbt und zu platzen beginnt. Dann herausnehmen, in eine Schüssel legen und mit einem Tuch abdecken, so daß die Paprikaschoten schwitzen. Sobald sie abgekühlt sind, die Haut abziehen und das Fruchtfleisch in feine Streifen schneiden. In eine Schüssel geben.

Die Zwiebeln schälen, in feine Ringe schneiden und unter die Paprikastreifen mischen. Das Öl mit dem Essig verrühren, die Marinade mit Salz abschmecken und über die Paprika-Zwiebel-Mischung gießen.

Alles gut vermengen, kurz durchziehen lassen und vor dem Servieren mit gehackter Petersilie bestreuen. Zusammen mit frischem Weißbrot servieren.

KREBSSUPPE MIT SHERRY

FÜR 6 PERSONEN
1 kg Heuschreckenkrebse oder Scampi
1 kg Zwiebeln
3 Knoblauchzehen
500 g Tomaten
2 grüne Paprikaschoten
3 EL Olivenöl
150 ml dunkler, trockener Sherry (Oloroso)
700 ml Fischfond (Fertigprodukt)
Salz

Die Krebse oder Scampi unter fließendem Wasser gründlich abspülen. Zwiebeln und Knoblauch schälen, beides fein hacken. Die Tomaten waschen, vom Stielansatz befreien und das Fruchtfleisch würfeln. Die Paprikaschoten halbieren, entkernen, waschen und ebenfalls fein würfeln.

Das Öl in einem großen Topf erhitzen, Zwiebeln und Knoblauch darin hellgelb anschwitzen. Die Paprikawürfel zugeben und andünsten.

Die Krebse oder Scampi zufügen, kurz anbraten und das Ganze mit dem Sherry ablöschen. Den Alkohol etwas einkochen lassen, dann die Tomaten dazugeben und den Fischfond angießen. Etwa 300 ml Wasser zufügen und alles etwa 30 Minuten zugedeckt köcheln lassen.

Krebse oder Scampi herausnehmen, jeweils aufbrechen und das Fleisch aus den Schwänzen lösen. Krebs- oder Scampifleisch zurück in den Topf geben und alles pürieren. Das Püree durch ein feines Sieb streichen, nochmals kurz erhitzen, mit Salz abschmecken und die Suppe anschließend servieren.

Es gibt auch eine fes
schenderweise ein
Fernando scheut sich
Hauses zu Nichtrauche
kommt, dem geht es ui
Kultur des Essens, sag
Slow Food eben.

Zu jedem guten Ess
guter Wein. Ein Ga
Faro ist wie eine Reise
niens. Aus La Rioja Alta
del Duero, dem Penede
zu vergessen die cham
lonien. Aus den hervorr
El Puerto de Santa Mai
ebenfalls ein breites Sc
nen Sherrys.

Adresse:
El Faro de El Puerto
El Puerto de Santa Ma
Carretera de Rota km
Tel.: 956 - 87 09 52, 8

Ferndando Córdoba ist ein
exzellenter Weinkenner. Mi
Geschicke eines der feinste
El Faro de El Puerto in Pue
Städtchen an der Mündung

ROTZUNGENFILETS AUF KARTOFFELN

FÜR 6 PERSONEN
4 große Kartoffeln
4 Knoblauchzehen
1 Chilischote
7 EL Olivenöl
Salz
1 kg Rotzungenfilets
150 ml trockener, weißer Sherry (Fino)
Pfeffer
2 EL gehackte Petersilie

Die Kartoffeln schälen und in dünne Scheiben schneiden. Die Knoblauchzehen abziehen und in Scheiben schneiden, die Chilischote längs halbieren, entkernen, waschen und in Ringe schneiden.

4 Eßlöffel Öl in einer großen Pfanne erhitzen und die Kartoffelscheiben darin bei mäßiger Hitze kroß braten. Dabei öfters wenden. Dann salzen.

Die Fischfilets waschen und trockentupfen. In einer zweiten Pfanne in 2 Eßlöffeln Öl bei mittlerer Hitze garen. Knoblauch und Chilischote im restlichen Öl anschwitzen, dann mit Sherry ablöschen und den Alkohol etwas einkochen lassen. Salzen und pfeffern.

Die Kartoffelscheiben auf 6 vorgewärmte Teller verteilen. Jeweils 1 bis 2 Fischfilets darauflegen. Auf jede Portion etwas von der Knoblauch-Chili-Mischung geben. Zum Schluß alles mit Petersilie bestreuen. Zu diesem Gericht passen die Paprika in Sherry-Essig (Seite 132) besonders gut.

MANDEL-SCHOKO-CREME

FÜR 4 PERSONEN
6 Blatt Gelatine
500 g Sahne
1 aufgeschlitzte Vanilleschote
1 Zimtstange
6 frische Eier
100 g Zucker
4 EL gemahlene Mandeln
2 EL Kakaopulver
4 EL dunkler, süßer Sherry (Oloroso)
Schlagsahne und Zimtpulver zum Verzieren

Die Gelatine in kaltem Wasser einweichen. Sahne zusammen mit Vanilleschote und Zimtstange erhitzen. Bei milder Hitze 10 Minuten ziehen lassen. Die Eier trennen, die Eiweiße steif schlagen und den Schnee kühl stellen.

Die Eigelbe zusammen mit Zucker und Mandeln schaumig schlagen. Kakaopulver und Sherry unterziehen. Vanilleschote und Zimtstange aus der Sahne nehmen, diese durch ein Sieb abseihen, die Gelatine ausdrücken und in der Sahne gründlich auflösen. Das Ganze unter die Eigelbmasse mischen und diese auf Eiswürfeln kalt rühren.

Die Creme für 15 Minuten kühl stellen. Sobald sie fest zu werden beginnt, den Eischnee darunterziehen. Die Creme in kalt ausgespülte Dessertschälchen füllen und im Kühlschrank in etwa 2 Stunden fest werden lassen. Vor dem Servieren mit Schlagsahne und Zimtpulver verzieren.

PUE

El Faro

Die Bar
feinster
chen nur die
queren, dur
schon treffen
und Olorosos
Fernando Có
auf. Auf den
Bodegas der

Hier läßt
Art mit
schwänzen
Pata Negra
sonders troc
tet die pha
Fernando Có

Er ist der
berühmte
Haus aus mi
nando denn
Restaurants
Madrid hat F
verständlich
en spanische

CREMESUPPE AUS MEERESFRÜCHTEN

FÜR 4–6 PERSONEN
500 g Seeteufelfilets
300 g Gräten, Flossen und Kopf vom Seeteufel
500 g Rotbarschfilets
200 g ausgelöste Garnelenschwänze
100 g Venusmuscheln
500 g Zwiebeln • 1 rote Paprikaschote
1,5 kg vollreife Tomaten • 50 ml Olivenöl
1 Tütchen Safranfäden
300 ml trockener, weißer Sherry (Fino)
Salz • Pfeffer
150 g Weißbrotwürfel ohne Rinde

Fische, Fischabfälle und Meeresfrüchte gründlich waschen. Die Zwiebeln schälen und würfeln. Die Paprikaschote putzen, waschen und kleinschneiden. Die Tomaten heiß überbrühen, enthäuten, entkernen und würfeln. Gräten, Flossen und Kopf vom Seeteufel in 1 Liter Wasser etwa 30 Minuten kochen. Den Fond abseihen. Das Öl erhitzen, Zwiebeln und Paprikaschote darin andünsten. Die Tomaten zugeben, den Safran einrühren und das Ganze offen etwa 15 Minuten köcheln lassen. Fischfond, Sherry, Fischfilets sowie Garnelenschwänze zufügen und weitere 10 Minuten bei milder Hitze köcheln lassen.

Die Muscheln in kochendem Salzwasser kochen, bis sie sich öffen. Abgießen und das Muschelfleisch aus den Schalen lösen. Von der Suppe die Garnelenschwänze herausnehmen. Die Weißbrotwürfel zugeben und alles pürieren. Das Püree durch ein Sieb streichen, erneut erhitzen und mit Salz und Pfeffer abschmecken. Garnelenschwänze sowie Muschelfleisch hineingeben und die Suppe servieren.

VENUSMUSCHELN IN OLOROSO-SAUCE

FÜR 4 PERSONEN
500 g Venusmuscheln
500 g Zwiebeln
200 g gemischte Pilze
4 EL Olivenöl
1 Lorbeerblatt
1 EL Maismehl
300 ml dunkler, trockener Sherry (Oloroso)
100 ml Fischfond (Fertigprodukt)
Salz • Pfeffer

Die Muscheln unter fließendem Wasser gründlich abbürsten. Die Zwiebeln schälen und würfeln. Die Pilze putzen und je nach Größe halbieren oder vierteln.

Das Öl in einem Topf erhitzen und die Zwiebeln darin zusammen mit dem Lorbeerblatt anbraten. Das Mehl darübersieben, mit Sherry und Fischfond ablöschen. Die Pilze hinzufügen und das Ganze etwa 5 Minuten köcheln lassen.

Dann die Muscheln in den Topf geben und das Ganze nochmals zugedeckt köcheln lassen, bis sich die Muscheln geöffnet haben. Lorbeerblatt und Muscheln, die sich beim Kochen nicht geöffnet haben, entfernen und alles zusammen servieren.

SEETEUFEL MIT SAFRAN-SHERRY-SAUCE

FÜR 6 PERSONEN
1 kg Seeteufelfilets
1 Zwiebel
1 Stange Lauch
3 EL Olivenöl
2 EL Mehl
300 ml trockener, weißer Sherry (Fino)
400 ml Fischfond (Fertigprodukt)
1 Tütchen Safranfäden
200 g Erbsen
Salz • Pfeffer

Die Fischfilets unter fließendem Wasser abspülen. Die Zwiebel schälen und würfeln. Den Lauch putzen, längs halbieren, gründlich waschen und in Ringe schneiden.

Das Öl in einem Topf erhitzen und Zwiebel sowie Lauch darin andünsten. Das Mehl darüberstäuben, mit Sherry und Fischfond ablöschen. Den Safran einrühren.

Die Fischfilets und die Erbsen hinzufügen und das Ganze bei milder Hitze etwa 10 Minuten köcheln lassen. Mit Salz und Pfeffer abschmecken. Die Fischfilets zusammen mit der Sauce servieren.

ZIEGENKÄSECREME MIT SHERRY-KARAMEL

FÜR 4 PERSONEN
300 g Frischkäse
50 g Ziegenfrischkäse
500 g Sahne
150 g Zucker
500 ml Pedro Ximénez

Frischkäse und Ziegenfrischkäse mit 200 g Sahne glattrühren. Die restliche Sahne zusammen mit der Hälfte des Zuckers steif schlagen. Unter die Käsecreme heben und das Ganze für 1 Stunde kühl stellen.

Den Pedro Ximénez zusammen mit dem restlichen Zucker in einen Topf geben. Unter Rühren langsam erhitzen und das Ganze so lange köcheln lassen, bis eine karamelartige Sauce entstanden ist. Abkühlen lassen.

Von der Käsecreme mit einem Kugelportionierer Kugeln abstechen und diese auf Teller geben. Jeweils etwas Karamelsauce dazugießen. Sofort servieren.
(auf dem Foto)

SANLÚCAR DE BARRAMEDA

Casa Bigote

Der weite Strom des Guadalquivir hat schon viele Schätze hergegeben: Griechische Vasen, römische Amphoren, eine zierliche Pistole aus den Zeiten, da über den Fluß noch die Schiffe der spanischen Krone in die neuentdeckte Welt nach Amerika segelten. Immer wieder finden die Fischer von Sanlúcar de Barrameda, an der Mündung des Guadalquivir in den Atlantik gelegen, Zeugnisse ihrer 3000 Jahre alten Geschichte. Aber was sollen sie damit anfangen, schmälern die Fundstücke in den Netzen doch nur den Ertrag. Wenn es da nicht in Sanlúcar seit über 50 Jahren eine Familie gäbe, die eine Leidenschaft für alle Früchte des Meeres und des Flusses hätte. Die Bigotes werden die Brüder Fernando und Paco genannt, obwohl sie eigentlich Hermoso heißen. Aber seit einem halben Jahrhundert führt die Familie das mittlerweile berühmteste Fischrestaurant Westandalusiens unter dem Namen Bigote, der nur deswegen zustandekam, weil der Vater einen kräftigen Schnurrbart, einen »bigote«, trug.

Angefangen hat die Casa Bigote als Fischerkneipe. Und in die Bar unter den Arkaden am alten Hafen von Sanlúcar kommen noch heute die Fischer und essen eine Tapa aus mariniertem Hundshai und trinken eine eiskalte Manzanilla dazu. Dort stehen sie dann, zwischen den antiken Funden, der Jungfrau Señora del Carmen und einem Haigerippe, und diskutieren die Hochzeit eines Freundes oder den nicht enden wollenden scharfen Westwind. Zu ihnen gesellen sich Handwerker und die extra aus Jerez, Sevilla oder Madrid Angereisten, die ihr Essen mit einer Tapa und einem Blick über den Strom und auf den dahinterliegenden

Wer Meeresfrüchte liebt, sollte einen Besuch in der Casa Bigote keinesfalls versäumen. Paco Hermoso (links) versteht es meisterhaft, aus den Schätzen des Meeres köstliche Gerichte zu zaubern. Sein Bruder Fernando (rechts) kümmert sich um den perfekten Ablauf in Bar und Restaurant

Naturpark *Coto de Donana* beginnen. Ein Almosenkasten für die Speisung der Armen erinnert sie daran, daß sie privilegiert sind, in der Casa Bigote zu speisen.

Denn gespeist wird hier in der Tat. Gleich durch die kleine Tür am Ende der Bar ist das Restaurant zu erreichen. Zwei, drei Schritte durch die Gasse ins Nachbarhaus und den Gast erwarten die Hallen des maritimen Genusses. Langusten und Schwertfisch, Hummer und Rotzungen, Adlerfische, Krabben, Krebse, Zwergsepia und Goldbrassen, Seehechte und Acedías (eine Verwandte der Seezunge) lagern hinter den Glasscheiben der Kühltresen. Ihr Geschmack und ihre Frische sind unnachahmlich, und Paco Bigote weiß hervorragend mit Meerestieren umzugehen. Seine Küche ist nicht raffiniert und verspielt, aber von herzhafter Deftigkeit. Denn in der Casa Bigote leben die Rezepte der Seefahrer und Fischer fort. Auf ihren langen Reisen über die Weltmeere waren die Zutaten begrenzt. Hülsenfrüchte, Zwiebeln, getrocknete Paprika, Brot, Olivenöl und Wein sind deshalb neben Fisch die Hauptbestandteile der traditionellen Küche von Sanlúcar. Doch nach Bergen von Delikatessen sollte kein Gast die Casa Bigote verlassen, ohne das Mahl mit einem der berühmten Eiscremes aus Moscatelwein und Rosinen abgeschlossen zu haben. Das Eis ist, ebenso wie die Langostinos, eine Spezialität aus Sanlúcar de Barrameda und, mit reichlich Pedro Ximénez übergossen, rundet es einen Besuch bei den Bigotes auf eine der angenehmsten Weisen ab.

Adresse:
Restaurante Casa Bigote
Sanlúcar de Barrameda
Bajo de Guia (Strandpromenade)
Tel.: 956 - 36 26 96, 36 32 42

ADLERFISCH MIT ERBSEN

FÜR 4–6 PERSONEN
1 kg Adlerfisch ohne Haut und Gräten
2 Scheiben Weißbrot
6 EL Olivenöl
2 Zwiebeln
5 Knoblauchzehen
2 getrocknete, rote Peperoni
3 EL gehackte Petersilie
einige Safranfäden
150 ml sehr trockener Sherry (Manzanilla)
500 g Erbsen
Salz

Den Fisch gut waschen und dann in Stücke schneiden. Das Weißbrot in 1 Eßlöffel Olivenöl knusprig braten, dann herausnehmen und in sehr kleine Stücke schneiden oder brechen. Die Zwiebeln und den Knoblauch schälen und fein hacken. Die Peperoni kleinschneiden.

Restliches Öl in einer Pfanne erhitzen und Zwiebeln, Knoblauch, Peperoni, Weißbrot, Petersilie und Safran darin andünsten, bis die Zwiebeln weich sind. Das Ganze in einen Mörser geben und darin zu einer glatten Paste verarbeiten.
Die Paste in eine feuerfeste Kasserolle geben. Manzanilla, etwa 1/4 Liter Wasser, Erbsen sowie Salz zufügen und das Ganze etwa 10 Minuten köcheln lassen.

Dann die Fischstücke einlegen und in der Sauce bei milder Hitze zugedeckt etwa 7 Minuten garen. Alles zusammen servieren.
(ohne Foto)

VENUSMUSCHELN IN MANZANILLA-SAUCE

FÜR 4 PERSONEN
5 Knoblauchzehen
800 g Venusmuscheln
3 EL Olivenöl
1 Lorbeerblatt
1 EL Mehl
2 EL gehackte Petersilie
Salz
150 ml sehr trockener Sherry (Manzanilla)

Die Knoblauchzehen schälen und sehr fein hacken. Die Muscheln unter fließendem Wasser gründlich abbürsten. Das Öl in einer großen Pfanne erhitzen. Den Knoblauch darin zusammen mit dem Lorbeerblatt und dem Mehl andünsten, bis sich Knoblauch und Mehl hellgelb gefärbt haben.

Die Muscheln, die Petersilie und etwas Salz hinzufügen. Sobald sich die Muscheln zu öffnen beginnen, den Sherry und etwas Wasser angießen. Das Ganze noch kurz köcheln lassen und dann heiß servieren.

SANJOS

Bar Bigote

Mit dem Restaurant an der Strandpromenade hat die Bar Bigote nur den Namen gemein. Und ausgezeichneten frischen Fisch. *Der Fisch lebt fast noch, wenn er in meine Küche kommt,* sagt José Márquez Rangel, kurz Pepe genannt. Er läßt eine *Acedía* (eine Verwandte der Seezunge) durch die Finger gleiten, die wenige Stunden zuvor noch im Atlantik geschwommen ist. Pepe ist neben den Fischerfamilien von Sanlúcar der Erste, der den Fang in die Küche bekommt. Seine Bar liegt direkt gegenüber der Auktionshalle, an deren Kai die Fischkutter anlegen. Und dahinter kommen nur noch der Guadalquivir und das Meer.

Am späten Nachmittag laufen die Fischkutter in den Hafen von Bonanza ein. Zwei, drei Boote liegen hintereinander an der Kaimauer und über die Netze und Winden hinweg treiben die Fischer aus der hinteren Reihe die früher Angekommenen zur Eile an. Nach Tagen auf See wollen sie nach Hause. Dürsten danach, bei Pepe endlich wieder einen Café zu trinken. Die Händler und Einkäufer für die großen Restaurants drängeln sich in der Auktionshalle und die Auktionatoren warten ungeduldig auf die Kisten voll mit Fischen und Meerestieren, an denen sie gut verdienen.

Antonio beugt sich weit über die Luke in den Schiffsbauch. Er muß das Seil, dessen Enden seine Kollegen im Innern um eine Kiste mit Fisch und Eis geschlungen haben, in der Mitte der schmalen Öffnung halten. Die Winde schlenkert, das Seil schlackert. Antonio pfeift aus gespitztem Mundwinkel das Zeichen für seinen Bruder hinter den Aufbauten, das Tau zwei-, dreimal über den Antrieb des Zuges zu legen. Das Seil zwischen Antonios Händen strafft sich und rollt über die schlenkernde Winde nur knapp über seinem Kopf. Kaum ist die flache Holzkiste an der Luft, packt Antonio sie, steigt über den Haufen aus Planen und Tauen und hievt sie auf die Kaimauer. Zurück an seinem Platz an der Luke, ertönt schon wieder der schrille Pfiff und die nächste Kiste taucht auf. Als wären die Fische eine große Schuppe, liegen sie aufgereiht in ihrem Holzbett.

In der Halle hat der Auktionator schon mit der Versteigerung begonnen. *La gamba, la gamba, la gaaaamba,* ruft er die an Krabben interessierten Händler zusammen. Ein Pulk von Männern drängt sich um ihn und die Kisten mit der Delikatesse. Endlos schnell rattert der Auktionator Zahlen herunter. Erfahrung sagt ihm, wieviel Kilo da vor ihm liegen, und welcher Qualität sie entsprechen. Er fängt mit der möglichen Höchstsumme an und zählt runter, bis ein Käufer gefunden ist. *Das ist pure Intuition,* sagt Pepe. *Du weißt, was dir eine Kiste wert ist, und dann schlägst du zu, wenn der Preis genannt wird.* Wenn nicht ein anderer schneller war. Dann liegt schon der Zettel mit seinem Namen auf dem nassen Vermögen und ein Helfer schleift die Kiste an einem Eisenhaken von dannen. Weiter geht's. Der Auktionator eilt zu den Tintenfischen, den Sardinen und Langusten, vorbei an einem Stapel meterlanger Hundshaie, immer gefolgt von den drängelnden Männern.

Am Kai hat Antonios Schiff mittlerweile in eine hintere Reihe verholt, nachdem der Fang ausgeladen wurde. Das nächste Boot ist an der Reihe, seine kostbare Ladung zu löschen. Antonio und seine Mannschaft sitzen schon in der Bar Bigote. Zu viert hocken sie um einen der Holztische. Papier und Stift sind bei der Hand, ein Bündel Geldscheine liegt in der Mitte des Tisches. Antonio rechnet den Verdienst eines jeden aus. Die eine Hälfte behält er als Bootsbesitzer. Die andere Hälfte wird unter den dreien aufgeteilt.

Pepe putzt und schneidet währenddessen in der Küche die soeben erstandenen Fische. Schließlich hat er neben den Fischern in ihren schuppigen und salzverkrusteten Trainingsanzügen auch noch andere Gäste. Die kommen im Mittelklassewagen und sitzen im Restaurant neben der Bar. Und trennen sie von den Männern an der Theke auch Beruf, Einkommen und Manieren, essen bei Pepe doch alle dasselbe: den frischesten Fisch von Sanlúcar.

Adresse:
Bar Bigote
im Hafen von Bonanza gegenüber der Fischmarkthalle
Sanlúcar de Barrameda
Tel.: 956 - 36 92 33

ARCOS DE LA FRONTERA

El Convento

María Moreno hat viele Talente. Durch ihre Fotos von Arcos de la Frontera wurde der auf einem schroffen Felsen kauernde Ort in den siebziger Jahren bekannt. Das Fotoatelier füllte die junge Frau aber nicht aus. Und so betrieb sie nebenbei noch ein Papierwarengeschäft und zwei Bars, in denen ihr Mann – nachdem er seinen Job als Briefträger aufgegeben hatte – je nach Bedarf aushalf. Da Briefträgern kein Haus in einem noch so verwinkelten Ort unbekannt bleibt, hatte José Antonio Roldán auch Zutritt zu dem Nonnenkloster oben auf der Spitze des Felsens. Außer ihm kam dorthin nur noch der Pfarrer. Jahrein, jahraus brachte José Antonio die klösterliche Post, genoß den erhabenen Blick über die Ebene und dachte sich: *Hier werden wir eines Tages ein Restaurant betreiben.*
Glücklicherweise ergab es sich, daß die Nonnen sich von einem Teil des mittlerweile viel zu großen Klosters trennen wollten und José Antonio Roldán Mitte der achtziger Jahre einen Gebäudetrakt verkauften. Die Roldáns restaurierten ihren Convento, verabschiedeten sich von den bisherigen Geschäftszweigen und widmeten sich nur noch dem, was sie am besten können: Gäste mit der Herzlichkeit des Südens empfangen und verwöhnen.

Das Geschäft für Leib und Seele florierte. Der Klostertrakt ist inzwischen zu einem kleinen Hotel umgebaut, und das Restaurant El Convento ist in den nahegelegenen Palacio de Valdespinos umgezogen. Palast ist erfreulicherweise eine maßlose Übertreibung, denn der weißgekalkte Bau unterscheidet sich nur durch handgemalte Fliesen im Innenhof, arabische Fensterflügel und seine schlichte Eleganz von anderen Häusern in Arcos.

Im Convento ißt man wahrhaft göttlich. Kein Gaumenschmaus aus Küche und sehr gut sortiertem Weinkeller bleibt dem Gast verwehrt. Die Rezepte für die fein ausgewogene Speisekarte hat María Moreno mit einer Köchin aus den Landhäusern der Oberschicht zusammengestellt. *Arcos lebt und ißt von der Sierra*, sagt María Moreno, die es entschieden ablehnt, sich den Kapriolen der modernen Küche anzupassen. *Aus unserer arabischen Vergangenheit können wir heute noch schöpfen*, sagt sie und ordnet flink Büschel von wildem Rosmarin und Pfefferminze, die ein Junge gerade gebracht hat. Ebenso gehören der grüne Spargel, nicht dicker als ein Bleistift, aus den Wäldern um Arcos, Walnüsse, Mandeln und Orangen zu Marías Gerichten, die häufig und reichlich aus Wild bestehen. Und obwohl Koch José Vega in der Küche wirkt, fehlen bei keinem Gericht das prüfende Auge und der sensible Geschmackssinn der Chefin. Denn das ist vielleicht ihr größtes Talent: Die perfekte Kochkunst von Arcos den Fremden nahezubringen.

Adresse:
Restaurante El Convento
Arcos de la Frontera
Calle Marqués de Torresoto 7
Tel.: 956 - 70 32 22

María Moreno (links), hier mit ihrem wichtigsten Personal abgebildet, hat sich zusammen mit ihrem Mann José Antonio (rechts) einen Traum erfüllt. Die beiden sind stolze Besitzer des Restaurants El Convento

LAMMKEULE IN SHERRY-SAUCE

FÜR 4–6 PERSONEN
2 Lammkeulen
Salz • Pfeffer
1 EL getrockneter Rosmarin
1 EL getrockneter Thymian
6 Zwiebeln
250 g Schweineschmalz
5 Knoblauchzehen
250 ml trockener Sherry (Fino)
3 Lorbeerblätter • 125 ml Brandy

Die Lammkeulen von überflüssigem Fett und Sehnen befreien. Jeweils in 2 Stücke teilen und diese rundherum mit Salz, Pfeffer und Kräutern einreiben.

Die Zwiebeln schälen und grob hacken. Das Schmalz in einer Pfanne erhitzen und die Lammteile darin rundherum kräftig anbraten. Dann herausnehmen.

Die Zwiebeln und den Knoblauch mitsamt Schale anbraten, bis beides goldgelb ist. Bei milder Hitze etwa 15 Minuten schmoren lassen.

Den Sherry hinzufügen und das Ganze nochmals 10 Minuten garen. Danach pürieren und durch ein Sieb streichen. Wieder in die Pfanne geben.

Lammteile, Lorbeerblätter und Brandy hinzufügen. Mit soviel Wasser auffüllen, daß das Fleisch bedeckt ist. Alles etwa 1 Stunde kochen lassen. Zum Schluß mit Salz abschmecken. Nach Belieben zusammen mit Gemüse servieren.

Cortijo Fain

Der Wind rauscht sanft durch die Blätter der Olivenbäume. Seit einigen hundert Jahren stehen sie hier und haben den einstigen Reichtum des Landguts Fain ausgemacht. Sie haben die Araber kommen und gehen sehen, die dem Gut seinen Namen gaben: *Fain*, das arabische Wort für Macht und Größe. Sie sahen die christlichen Gutsbesitzer, die den Wohlstand mehrten und den Hof zu dem prächtigen Komplex ausbauten, der er heutzutage noch ist. Und die Olivenbäume könnten auch die Geschichte der alten Dame, der Letzten ihres auf Fain lebenden Geschlechts, erzählen, die vor zehn Jahren ihren Besitz umbaute und Zimmer an Fremde vermietete, um in der weiten Natur nicht so einsam zu sein.

Die alte Dame – *la Señora*, wie sie Köchin Margarita Jaén Parra noch heute ehrfurchtsvoll nennt – hat sich seit einem Jahr ganz zurückgezogen und Fain an zwei Brüder aus dem Nachbardorf verpachtet. Noch lebt die Grandezza der Großgrundbesitzer im Cortijo Fain fort. 16 Personen finden an der Tafel Platz, an der im Winter das Essen serviert wird. Ein Kamin erwärmt dann den Raum. Aber die meiste Zeit des Jahres können die Besucher und Hotelgäste auf der verglasten Veranda speisen und den Abend dann immer noch mit einem Brandy in einem der schweren Sessel im Salon ausklingen lassen. Zwischen kastilischen Holzfiguren und andalusischen Intarsienkommoden läßt sich für einen Moment vergessen, daß die Betrachterin nur eine Reisende ist. Am Morgen wird sie an Brunnen und Orangenbaum im Hof vorbeigehen, durch den Torbogen schreiten und in die Kutsche nach Arcos steigen. Nein, es ist doch ein Auto.

Adresse:
Cortijo Fain
Arcos de la Frontera
Carretera de Algar, km. 3
Tel.: 956 - 23 13 96

Margarita Jaén Parra ist die Köchin in dem zauberhaft gelegenen Restaurant Cortijo Fain. Auf Wunsch kann man auch im Schatten der Olivenbäume speisen

GEFÜLLTE SCHWEINEFILETS

FÜR 4 PERSONEN
4 Schweinefilets
Salz • Pfeffer
frisch geriebene Muskatnuß
4 TL Schweinepastete
4 Streifen Karotten
4 Stücke Stangensellerie
4 Scheiben durchwachsener Speck
5 EL Olivenöl
1 Handvoll geschälte Mandeln
1 Scheibe Weißbrot in Würfeln
5 Zwiebeln • 2 Knoblauchzehen
250 ml trockener, weißer Sherry (Fino)
1 Lorbeerblatt

Die Filets der Länge nach mit einem scharfen Messer fast durchtrennen und die Hälften auseinanderklappen. Die Fleischinnenseiten mit Salz, Pfeffer und geriebener Muskatnuß bestreuen. Mit der Pastete bestreichen. Karottenstreifen, Sellerie und Speck darauflegen. Jedes Filet zusammenrollen und mit Küchengarn zubinden.

Das Öl in einer Pfanne erhitzen und die Filets darin zusammen mit den Mandeln und den Weißbrotwürfeln anbraten. Inzwischen die Zwiebeln schälen und in Ringe schneiden. Den Knoblauch ebenfalls schälen und in Scheiben schneiden. Die Filets aus der Pfanne nehmen und Knoblauch sowie Zwiebelringe im Öl goldbraun schmoren.

Mandeln, Brot, Zwiebeln und Knoblauch mit dem Mixer fein pürieren und auf die Filets geben. Die Filets in einen Topf geben und den Sherry dazugießen. Mit Wasser auffüllen, so daß das Fleisch bedeckt ist. Das Ganze zugedeckt bei mittlerer Hitze etwa 45 Minuten garen.

Zum Schluß mit Salz abschmecken. Die Filets auf einer runden Platte in der Sauce servieren, dazu geröstete Kartoffeln reichen.
(ohne Foto)

TRUTHAHNKEULE AUF LANDHAUSART

FÜR 6 PERSONEN
2 Truthahnkeulen (ca. 2 kg)
Salz • Pfeffer
4 Zwiebeln
4 Knoblauchzehen
1 große Tomate
1 getrocknete Chilischote
100 g ungeschälte Mandeln
5 EL Olivenöl
300 ml trockener Sherry (Fino oder Oloroso)

Die Truthahnkeulen kalt abspülen, trockentupfen und rundherum mit Salz und Pfeffer einreiben. Zwiebeln und Knoblauch schälen, die Zwiebeln in Ringe, den Knoblauch in feine Scheibchen schneiden.

Die Tomate waschen, vom Stielansatz befreien und das Fruchtfleisch würfeln. Die Chilischote und die Mandeln fein fein hacken. Das Öl in einer Kasserolle erhitzen. Die Zwiebeln und den Knoblauch darin glasig werden lassen. Dann Tomatenstücke, Chilischote sowie gehackte Mandeln hinzufügen. Das Ganze bei mittlerer Hitze so lange schmoren lassen, bis alle Zutaten schön weich sind. Dabei mehrmals umrühren.

Sherry und 75 ml Wasser zufügen. Die Keulen einlegen und bei mittlerer Hitze zugedeckt etwa 1 Stunde lang garen. Wenn das Fleisch weich ist, dieses herausnehmen. Den Gemüsefond im Mixer zu einer dickflüssigen Sauce pürieren. Mit Salz und Pfeffer abschmecken.

Das Fleisch der Keulen von den Knochen lösen, in Scheiben schneiden und auf einer Platte anrichten. Mit der Sauce übergießen.
(ohne Foto)

SCHWEINEFILET IN SHERRY

FÜR 5–6 PERSONEN
2 kg Schweinefilet (ca. 5 – 6 Stränge)
Salz • Pfeffer
3 Zwiebeln
3 Knoblauchzehen
1 rote, getrocknete Paprikaschote
4 EL Olivenöl
150 ml trockener Sherry (Fino oder Oloroso)
Blattsalat zum Garnieren

Die Filets mit Salz und Pfeffer bestreuen. Jeweils aufrollen und mit Küchengarn zusammenbinden. Zwiebeln und Knoblauch schälen, die Zwiebeln in Ringe, den Knoblauch in feine Scheibchen schneiden. Die Paprikaschote grob hacken.

Das Öl in einer Kasserolle erhitzen. Zwiebeln, Knoblauch und Paprikaschote darin anschwitzen, und dann schmoren, bis alle Zutaten weich sind. Sherry und 150 ml Wasser zufügen. Die Fleischrollen in den Schmorfond legen und die Kasserolle abdecken. Das Fleisch bei mittlerer Hitze etwa 1 Stunde garen. Dann herausnehmen.

Den Fond durch ein Sieb abseihen. Sauce und Fleisch erkalten lassen. Die Rollen in Scheiben schneiden, dabei vom Küchengarn befreien. Die Fleischscheiben auf frischem Blattsalat anrichten. Die Sauce extra dazu reichen.
(auf dem Foto links)

HÜHNERBRUST IM SPECKMANTEL

FÜR 4 PERSONEN
4 Hühnerbrüste
Salz • Pfeffer
4 große Scheiben Frühstücksspeck
3 Zwiebeln
4 Knoblauchzehen
1 große Tomate
1 getrocknete Chilischote
5 EL Olivenöl
150 ml trockener Sherry (Fino oder Oloroso)
Petersilie zum Garnieren

Die Hühnerbrüste waschen, sorgfältig trockentupfen, salzen und pfeffern. Dann jeweils in eine Speckscheibe einrollen und die Rollen mit Zahnstochern fixieren. Zwiebeln und Knoblauch schälen, die Zwiebeln in Ringe, den Knoblauch in feine Scheibchen schneiden. Die Tomate waschen, vom Stielansatz befreien und das Fruchtfleisch würfeln. Die Chilischote grob hacken.

Das Öl in einer Kasserolle erhitzen. Die Hühnerbrustrollen darin goldbraun braten. Herausnehmen und die Zahnstocher entfernen. Nun im Öl Zwiebeln, Knoblauch, Tomate und Chilischote anschwitzen und dann schmoren lassen, bis das Gemüse weich ist. Den Sherry und 75 ml Wasser zufügen, 10 Minuten köcheln lassen und dann passieren. Die Sauce in einen irdenen Topf geben und erhitzen. Hühnerbrustrollen hineinlegen und darin bei milder Hitze nochmals 5 bis 8 Minuten ziehen lassen. Alles zusammen servieren. Mit Petersilie garnieren.
(auf dem Foto rechts)

CÁDIZ

El Faro de Cádiz

Der Leuchtturm von Cádiz zeigt den Weg. Ortsunkundige brauchen nur dem hellen Lichtkegel des Turms an der Landspitze von Cádiz zu folgen und zu seinen Füßen werden sie das Restaurant El Faro finden. Tagsüber wird jeder Passant auf der Straße wissen, wo der Leuchtturm steht. Von dort sind es nur ein paar Schritte in die Gassen der Altstadt, und schon stehen die Suchenden vor den Türen des Lokals, das als eines der wenigen weit über die Grenzen der Stadtmauer hinaus bekannt ist.

Hier residiert Gonzalo Córdoba. Man könnte ihn als Begründer einer Dynastie von exzellenten Köchen und Gastronomen in Andalusien bezeichnen. Sein Sohn Fernando führt das Restaurant El Faro in Puerto de Santa María, sein zweiter Sohn José Manuel ist Besitzer des Ventorrillo El Chato zwischen Cádiz und San Fernando. Und Gonzalo Córdobas Tochter Maite übernimmt langsam das Stammhaus in Cádiz. Während ihr Vater in der Küche wacht oder die Fische und Meerestiere der Händler auswählt, sorgt Maite für die Details, die El Faro zu einem stilvollen Restaurant machen. In dem einen Salon müssen die Blumen neu dekoriert werden, im großen Eßsaal muß die Vitrine aufgefüllt werden, die obligatorische Bar schließlich im Vorderhaus muß schon vorzeitig geöffnet werden. Hier kommen auch die Nachbarn aus dem über 3.000 Jahre alten Stadtteil und genießen ein Glas Fino und einige der frischen und köstlichen Garnelen oder gebackene Zwergsepia.

Die Küche von Gonzalo Córdoba lebt von der Tradition in Cádiz und ist insbesondere für ihre große Auswahl an hausgemachten Desserts bekannt. Sehr salziger Herkunft ist eines der traditionellen Gerichte, die es nur in der Umgebung von Cádiz gibt. Die Stadt liegt auf einer Landzunge, die in den Atlantik ragt. Auf der meerabgewandten Seite wird schon seit Jahrtausenden in offenen Salinen Salz gewonnen. In früheren Zeiten bekamen die Salinenarbeiter einen Teil ihres Lohns in Salz ausgezahlt. Da der Salinenbesitzer weit und der Hunger zu Hause groß war, fischten die Salineros während ihrer Arbeitszeit in dem mit jeder Flut in die Salzbecken einlaufenden Wasser. Die Arbeiter versteckten die Fische in dem Salz, damit ihr Nebenerwerb nicht bemerkt werden würde. Bei über 40 Grad Außentemperatur im Sommer schmorte der Fisch von allein in der ihn umgebenden Salzkruste. Die Salinenarbeiter stellten alsbald fest, daß sie jeden Tag eine Köstlichkeit mit nach Hause brachten.

Adresse:
Restaurante El Faro
Cádiz
Calle San Félix 15
Tel.: 956 - 21 10 68, 21 25 01, 22 58 58

Maite Córdoba, die Chefin des El Faro. Sie gehört zu der renommierten Gastronomen-Dynastie der Familie Córdoba, die in Andalusien drei der besten Restaurants betreibt

SACKBRASSE AUF TOMATENSAUCE

FÜR 4 PERSONEN
2 kg vollreife Tomaten
200 g rote Paprikaschoten
6 Knoblauchzehen
5 EL Olivenöl
300 ml trockener, heller Sherry (Manzanilla)
1 TL feingehackter Thymian
1 EL feingehacktes Basilikum
Salz • Pfeffer
4 Sackbrassen-Filets

Die Tomaten über Kreuz einritzen, kochend heiß überbrühen, enthäuten, vom Stielansatz befreien, entkernen und das Fruchtfleisch würfeln. In einem Topf einkochen, bis das gesamte Wasser verdampft ist.

Inzwischen die Paprikaschoten putzen, waschen und fein würfeln. Den Knoblauch abziehen und fein hacken. Beides in 3 Eßlöffeln Olivenöl anbraten. Die Tomaten zufügen und das Ganze etwa 10 Minuten kochen lassen. Den Sherry angießen und die Sauce nochmals 5 Minuten köcheln lassen. Zum Schluß die Kräuter einrühren und die Sauce mit Pfeffer und Salz abschmecken.

Während die Sauce kocht, die Fischfilets im restlichen Olivenöl braten. Leicht salzen. Die Tomatensauce auf Teller verteilen und jeweils 1 Fischfilet daraufsetzen.

SEEZUNGE MIT MANGOLD IN SHERRY-SAUCE

FÜR 6 PERSONEN
1 kg Seezungenfilets
200 g weißer Spargel
1 Stange Lauch
200 g Mangold
3 EL Olivenöl
300 ml trockener, weißer Sherry (Fino)
500 ml Fischfond (Fertigprodukt)
Salz • Pfeffer

Die Seezungenfilets waschen. Den Spargel schälen und die holzigen Enden entfernen. Die Stangen in Stücke schneiden. Den Lauch längs halbieren, putzen, gut waschen und das Weiße in feine Ringe schneiden. Das Grün anderweitig verwenden. Den Mangold putzen, waschen und in Streifen schneiden.

Das Öl in einem Topf erhitzen und die Lauchringe darin anschwitzen. Spargel, Sherry und Fischfond zufügen. Das Ganze etwa 15 Minuten köcheln lassen. Dann abseihen. Sauce und Spargel wieder in den Topf geben.

Die Seezungenfilets sowie den Mangold hinzufügen und das Ganze nochmals bei milder Hitze etwa 5 Minuten zugedeckt garen. Zum Schluß mit Salz und Pfeffer würzen. Die Filets in der Sauce servieren.

MINI-TINTENFISCHE IN SHERRY-ESSIG

FÜR 4 PERSONEN
500 g küchenfertige Mini-Tintenfische (Zwergsepias)
6 Knoblauchzehen
4 EL Olivenöl
Saft von 1 Zitrone
einige Tropfen Sherry-Essig
3 EL gehackte Petersilie
Salz

Die Tintenfische gründlich waschen. Den Knoblauch schälen und in feine Scheiben schneiden. Das Öl in einer großen Pfanne erhitzen und den Knoblauch darin anbraten.

Die Tintenfische hinzugeben und unter mehrmaligem Wenden braten, bis sie Farbe angenommen haben. Zitronensaft, Sherry-Essig und Petersilie zufügen und alles gut vermengen. Zum Schluß salzen und sofort servieren. Nach Belieben etwas Couscous dazu reichen.

GEFLÜGELLEBER MIT SHERRY

FÜR 4 PERSONEN
600 g Geflügelleber
1 große Zwiebel
100 g Champignons
3 EL Olivenöl
70 ml Hühnerbrühe
70 ml trockener Sherry (Fino)
Salz • Pfeffer
3 EL gehackte Petersilie
1 hartgekochtes Ei in Würfeln

Die Geflügelleber waschen, von Fett und Sehnen befreien und in mundgerechte Stücke schneiden. Die Zwiebel schälen und fein würfeln. Die Champignons putzen und je nach Größe halbieren oder vierteln.

Das Öl in einer Pfanne erhitzen und Leber sowie Pilze darin kräftig anbraten. Dann herausnehmen und die Zwiebel im Öl goldbraun dünsten. Leber und Pilze wieder in die Pfanne geben, das Ganze mit Hühnerbrühe ablöschen und die Flüssigkeit etwas einkochen lassen. Dann den Sherry hinzufügen, alles nochmals etwa 5 Minuten köcheln lassen und zum Schluß mit Salz und Pfeffer abschmecken. Petersilie sowie Ei untermischen und servieren.
(ohne Foto)

SAN FERNANDO

Ventorrillo »El Chato«

Der unaufmerksame Reisende könnte schnell an dem weißgetünchten unscheinbaren Haus an der Schnellstraße zwischen Cádiz und San Fernando vorbeifahren. Vielleicht ist er von den Wellen des mächtigen Atlantik hinter dem Haus abgelenkt oder von einem Fischreiher, der aus den Salinen auf der anderen Seite der Straße aufsteigt. Zudem, was ist schon ein Ventorrillo? Eine Schenke, noch dazu der untersten Kategorie, von der Qualität eines Restaurants Lichtjahre entfernt. José Manuel Córdoba – Eigner, Koch und Seele des Ventorrillo – reibt sich vor Vergnügen die Hände. Seit 1780 ist die ehemalige Taverne den Bewohnern von Cádiz und San Fernando als Ventorrillo bekannt, warum diesen Namen ändern, auch wenn es jetzt eines der besten Restaurants Spaniens beherbergt? Die Gaditanos (Bewohner von Cádiz) sind berühmt für ihren eigenen Humor. Und so nannten sie einen der Wirte im vergangenen Jahrhundert *El Chato*, den Stupsnasigen, obwohl dieser durch ein Riechorgan von enormer Größe ausgezeichnet war.
Spaß ist eine Sache, Arbeit die andere. *Rápido, rápido*, treibt José Manuel Córdoba seine Köche an. Das Messer saust auf die Petersilie nieder und hinterläßt nur schemenhafte Konturen in der Luft, Schöpflöffel wirbeln zwi-

schen den Töpfen, ein Messer filetiert einen Fisch. *Rápido, rápido,* flüstert José Manuel Córdoba seinen Kellnern zu. Drei Teller mit Tortillitas de Camarones entschwinden, ein Rioja 1994 wird aus dem Weinkeller geholt, ein 20 Jahre alter Brandy ausgewählt. *Meine Gäste lassen ein kleines Vermögen bei mir, da wollen sie Perfektion,* sagt José Manuel Córdoba. *Zu Recht,* wie er mit energisch nach oben gedrehten Handflächen hinzufügt.

Am Strand des Atlantiks bereitet Chefkoch Córdoba natürlich Fisch, Fisch und nochmal Fisch sowie Meerestiere zu. Die perfekt ausgewogene Speisekarte richtet sich nach der Saison und wird fast täglich dem Angebot des Marktes angepaßt. Aber auch wer Fleisch möchte, wird im Ventorrillo »El Chato« nicht enttäuscht. Keine Schweineschulter, keine Lammkeule und keine Kiste Tomaten wird in die Küche gelangen, ohne von José Córdoba inspiziert worden zu sein. Und ebenso wie er es versteht, das Lokal unaufdringlich mit Preziosen der Vergangenheit zu dekorieren, weiß er um die Kunst, traditionelle Gerichte der Region mit einem Hauch neuer spanischer Küche zu verfeinern. Wie sagte José Manuel Córdoba? *Perfección y nada mas.*

Adresse:
Restaurante Ventorrillo »El Chato«
Via Augusta Julia s/n
an der Schnellstraße zwischen Cádiz und San Fernando
Tel.: 956 - 25 00 25, 25 71 16

José Manuel Córdoba, ein weiteres Mitglied der für ihre Kochkünste berühmten Córdoba-Dynastie, ist Perfektionist aus Überzeugung. Diese Haltung merkt man den Speisen und dem Service im »El Chato« auch an

GARNELENKÜCHLEIN

FÜR 4 PERSONEN
500 g kleine Garnelen
Salz
1 Zwiebel
1 Bund Petersilie
300 g Kichererbsenmehl
Olivenöl zum Braten

Die Garnelen gründlich waschen, dann in sprudelndem Salzwasser etwa 5 Minuten kochen. Abgießen, abkühlen lassen und jeweils das Fleisch aus den Schwänzen lösen. Die Zwiebel schälen und sehr fein hacken. Die Petersilie waschen, trockenschütteln, die Blätter abzupfen und ebenfalls fein hacken.

Das Mehl mit 1 Teelöffel Salz und etwa 500 ml Wasser verrühren. Es sollte ein zähflüssiger Teig entstehen. Garnelenschwänze und Petersilie unterheben.

Reichlich Öl in eine Pfanne geben, erhitzen und die Masse mit einer kleiner Kelle portionsweise in das heiße Öl geben. Die Küchlein von beiden Seiten backen, bis sie goldbraun sind. Sofort servieren. Einen trockenen Sherry (Fino oder Manzanilla) dazu reichen.

SCHWEINEBACKE IN OLOROSO-SAUCE

FÜR 4 PERSONEN
700 g Schweinebacke ohne Fett, ersatzweise Schweinemedaillons • Salz • Pfeffer
1 kleine Zwiebel • 2 mittelgroße Tomaten
1 Karotte • 1/2 Knoblauchknolle
1 grüne Paprikaschote • 1 rote Paprikaschote
5 EL Olivenöl • 150 ml Oloroso
150 ml trockener, kräftiger Rotwein
400 ml Rinder- oder Kalbsfond (Fertigprodukt)

Die Schweinebacke waschen, trockentupfen und mit Salz und Pfeffer einreiben. Die Zwiebel schälen und grob hacken. Die Tomaten waschen, vom Stielansatz befreien und würfeln. Die Karotte schälen und kleinschneiden. Einige Knoblauchzehen schälen und in Scheiben schneiden, die restlichen in der Haut belassen. Die Paprikaschoten putzen, waschen und in Würfel schneiden.

Das Öl in einem großen Topf erhitzen. Die Schweinebacke darin von allen Seiten rasch anbräunen, dann herausnehmen. Zwiebel, Tomaten, Karotte, Knoblauch mit und ohne Haut sowie die Paprikaschoten im Öl kräftig andünsten. Sobald das Gemüse weich ist, den ungeschälten Knoblauch entfernen.

Das Fleisch wieder in den Topf geben. Mit Sherry und Rotwein ablöschen. Den Alkohol einkochen lassen. Dann den Fond angießen, den Topf verschließen und das Fleisch in etwa 1 Stunde weich schmoren. Anschließend die Schweinebacke herausnehmen, in etwa 5 cm dicke Scheiben schneiden und zusammen mit der Sauce servieren. Dazu passen gedünstetes Gemüse und Reis.

DORADE IN SHERRY-SAUCE

FÜR 4 PERSONEN
8 Doradenfilets
Salz
1 große Zwiebel
5 EL Olivenöl
2 Lorbeerblätter
schwarze Pfefferkörner
500 ml trockener Sherry (Fino)

Den Backofen auf 160 °C vorheizen. Die Doradenfilets unter fließendem Wasser gründlich abspülen und trockentupfen. Mit einer Pinzette von allen Gräten befreien. Die Fischfilets auf beiden Seiten leicht salzen.

Die Zwiebel schälen und sehr fein hacken. Das Öl in eine Kasserolle geben und erhitzen. Die Zwiebel, die Lorbeerblätter und die Pfefferkörner hinzugeben. Kurz schmoren, dann die Fischfilets hinzufügen und von beiden Seiten kurz anbraten. Mit Sherry ablöschen. Die Kasserolle in den Ofen schieben und die Doradenfilets in etwa 5 Minuten zu Ende garen.
(ohne Foto)

REZEPTVERZEICHNIS

ABKÜRZUNGSERKLÄRUNGEN:

EL = Eßlöffel
TL = Teelöffel
ml = Milliliter
l = Liter
cm = Zentimeter
g = Gramm
kg = Kilogramm
ca. = zirka
° C = Grad Celsius